實戰智慧館 458

生活投資學

領股息、賺價差，最適合散戶的投資系統

許凱廸　著

推薦文1

消費不是重點，重點是要有人幫你出錢

陳重銘（《教你存自己的300張股票》作者）

二〇一八年的農曆年剛結束，不少量販業者表示，最快在三月中旬就會調漲衛生紙價格。消息一出，造成全台灣民眾恐慌搶購，反而讓有急需的人無紙可用，因此被戲稱為「安屎之亂」。同年五月，中華電信推出「四九九上網吃到飽方案」，再度引起民眾塞爆全台各家門市，必須排隊一整天才能夠順利申辦，也被戲稱為「四九九之亂」。

萬物皆漲，唯獨薪水不漲，消費者也只好精打細算起來，才會迫不得已去搶購衛生紙、排隊搶四九九。但排隊搶購省下來的只是小錢，而且也只能省一次，有沒有辦法可以省更多，又一直省下去？要是有人幫我出錢，該有多好？

本書作者凱廸提到了一個「從顧客變老闆」的觀念，就是想要教大家「化被動為主動」。以「中華電」（2412）為例，最近五年每股平均股利為四．九二四元，只要買進兩張，每年可以領到九千八百四十八元，平均每個月是八百二十元，這樣還有必要去排隊一整天搶四九九嗎？只要擁有兩張中華電的股票，就會永永遠遠幫你賺錢，讓你爽爽地看別人排隊。這就是「從顧客變老闆」。

我們每天的食衣住行育樂……都是在不斷地花錢，那麼我們為什麼不買進這些公司的股票，靠別人的消費來幫我們賺錢呢？大家都會在7-ELEVEN消費買東西，只要買進「統一」（1216）和「統一超」（2912）的股票，你就可以把錢賺回來，拿著股利到7-ELEVEN大採購；買車容易養車難，「裕日車」（2227）最近兩年每股都配發超過二十元的現金股利，只要你有裕日車的股票，就不愁沒有錢養車。

從上面的例子可以看出，我們不用害怕消費花錢，只要有很多的好公司幫我們出錢就可以了，所以重點還是要挑選出好公司的股票。凱廸在書中詳列了這些公司的特色：民生基本需求、持續消費、產品需要更換耗材或保養、需要轉換成本……，就是要跟大家分享如何買進「賺不停」的好公司。

本書同時提到了「通膨」這個大魔王，通膨會如何摧毀我們的荷包呢？記得三十年前，我在西門町吃一碗甜不辣只要二十五元，現在已經漲價到六十五元了，以此計算出來的通膨率是三．五％。可是，現在銀行的定存利率只有一％，如果我現在捨不得吃甜不辣，把六十五元放到銀行定存，五年後的甜不辣會漲價到七十五元，可是定存只增加到六十八元，我反而是吃不起了。

那麼要如何避開通膨的毒手呢？凱廸在書中提出了買進「抗通膨」公司股票的方法，只要買進產品或服務會因為通膨而漲價的公司，就可以把通膨轉嫁給消費者。擔心王子麵漲價嗎？如果你有「味王」（1203）的股票，王子麵漲價你反而會受惠，這就是「抗通膨」的概念。

薪水不漲、物價卻是年年漲，可憐的消費者要怎麼辦呢？凱廸在前一本著作中提到「購物車選股法」，只要是誰賺走他的錢，他就買這家公司股票把錢賺回來。這就是解答了。股神華倫・巴菲特（Warren Buffett）是有史以來最成功的投資人，他的選股範圍其實就是「生活消費股」，而且他堅守「能力圈」，只買他認識的公司。

很高興凱廸又推出了一本大作，書中的選股邏輯和巴菲特是殊途同歸。熟讀此書，你會發現投資股票一點都不難，你也可以靠著別人的日常消費來幫自己賺錢。

推薦文2

掛保證的好書

詹K（「《股市》——起漲點」版主）

嗨！大家好！我是臉書粉絲專頁「《股市》－起漲點」與presspaly平台同名專案的版主詹K，大略跟大家講解一下，我主要操作是半年內的低基期波段布局股、短線題材股以及當沖。相信大家看到這就能夠理解，我股票擅長屬性是偏短線操作的，怎麼會來當長線投資書籍的推薦人呢？

這就是厲害的地方啦！

在經營粉專期間，總有許多粉專股友與身邊友人詢問我，是否有推薦什麼書單可供參考？每位投資朋友的能力、觀念或想法都很不同，所以我往往只會建議閱讀財報相關教學的書籍，基本上把財報搞懂就好！至於財報教學相關書籍，看來看去好像都差不多，所以我過去都是這樣回答：真的不敢隨便推薦特定的書！這件事就變成我最煩惱的事情之一。

而本書作者許凱廸（阿格力）的上一本著作《我的購物車選股法，年賺30%》，就是我初次在粉專上公開推薦給大家的書，真的很值得一讀，尤其是還找不到投資方法的朋友。雖然他和我的操作屬性完全不同，一個長線、一個短線，卻也因此讓我吸收到許多全新的觀念與知識。然而那時候的我，根本就還不認識許凱廸。

這次推薦文的邀約，也是我在推掉無數邀約之後第一次願意接下的邀請，因為在認識許凱廸之後，彼此交流的過程相當愉快，而且頗欣賞對方的專長。

通常想要認識一本書的時候，推薦文是很重要的，除了表示認同作者，對於該書的推廣多少有點影響力。所以，我是抱持著萬分慎重的態度，認真拜讀過整本書之後，才會向各位掛保證寫下這篇文字。

生活投資學的概念是一種很適合所有朋友的投資方式，投資人可以經由現實生活了解相關股票，並從日常生活中找出生活股。而生活股其實遍布在我們生活裡，許多都是我們不可或缺的日常用品。

許凱廸的這本書《生活投資學》深入淺出，用了很多大家熟悉的生活日用品做實際的觀念講解，不僅案例淺顯易懂，也有很多實實在在的邏輯與策略，只要花一、兩天的時間就能讀完，對於投資觀念有大大的改變。

真心推薦這本書給所有讀者，也祝福大家都能在本書中獲益良多，最後整理出一套最適合自己的投資方法。

推薦文3

這是妙招，也是絕招

闕又上（美國又上成長基金經理人、暢銷書作家）

投資一如經濟學派，各有各的山頭；也一如江湖，各有各的獨門絕活或暗器，武當派說他們的劍法無雙，少林說他們的拳法獨步江湖。投資一如習武，你應該學習哪一個學派呢？

你有自己的投資哲學嗎？如果沒有，誰可以引領你登高望遠？如果你的投資目標只想參與經濟成長、一個還可以的成績、一年花不到三十分鐘的管理，那麼使用有市場代表性的指數基金（ETF）這種被動式投資方法，再搭配置產，有紀律地執行投資計畫，應該是你的第一考量。

但如果你想獲得超額報酬、喜歡了解更多的投資世界，或者想做進階的被動投資者，可以考慮撥出二〇％的資金來學習主動投資，也就是擇股又擇時的進出，而本書可以是一個很好的起點！

何以見得？先說個故事，我在美國這異國的天空打拚，總會碰上各地不同的高手。有一次我的客戶來自北大清華的高材生，跨年的除夕夜，一瓶白酒、豐盛的菜餚，外加他親手下廚的拿手紅燒魚，聊著聊著，話題到了人才的競爭。我說你能考進北大清華、在美國的知名公司服務，在中國大陸的公司又擔任重要的科技指導，也是個人才啊！

結果他告訴我，他們這些住在北京、考進清華的還不算什麼，因為有地區性的加分；那些來自全國鄉村沒有加分卻能考進北京清華的，就真的是高手中的高手。原來，從外圍鄉下可以殺進城裡的才是頂尖高手。

這也是為什麼非金融財經科系但能在投資上表現不錯的，常能引起我的關注。有時非業界內的人擁有更敏銳的觀察力，更容易找出合理有效的論點，這有點像英文所說的「Thinks out of the box」，沒有受到侷限而有更寬廣、更具創意的思維。

本書作者許凱廸是台大生物科技博士，就具備上述所說的特質。先前的投資小失敗，反而讓他很快找到正確的應對方法，其方法也有他的理論基礎，是投資大師們一再耳提告誡的觀念。

投資從生活出發，這是一般散戶重中之重的課程。學到了本書所倡行的這個方法，不但有了成長學派大師彼得・林區（Peter Lynch）的生活投資學精華，因為在你日常生活中就可觸及。如同作者所說的，有了第一手觀察、現場實地的印證，這些優勢都不是坐在冷氣房裡、要等待一兩個季度才可以看到部分數字結果的分析師，所能夠感受到的深度和溫度。除此之外，這個方法也非常符合價值學派投資大師巴菲特所說「守在自己能力圈」的重要提示。

當然，作者也有他獨到的心得觀察，他將兩位大師的論點融會貫通，然後以自己的心得所建構的系統獲利。如作者所說，蠅頭小利的明牌不可以複製，但邏輯和系統方法可以，這就是穩定獲利進入贏家的關鍵。

作者提綱挈領地提出了一些思考和投資準則，例如產業的護城河、獲利的持續性、產業的交集，這些都是獲利公司的贏家本質。讀者按書索驥，依這尋寶地圖前進，不但效果好，還可以避開許多投資地雷。

結構和好方法都已在本書出現，剩下的就是多次閱讀、再次思考，然後運用到生活中的消費觀察，化做第一手、有把握且精準的投資。這一招不但是妙招，也可以是絕招，藉此你得以朝贏家的方向靠近！

自序

善用生活投資選股術，散戶也能出奇致勝

許凱迪

生活投資選股術是「唯一」適合所有人的主動投資法，股神巴菲特與傳奇經理人彼得．林區皆非常喜愛民生消費股，證明此套哲學是最適合「價值投資」的選股系統；生活投資學絕對是從新手到老手都應該關注的學派。「明牌無法複製，但邏輯可以」，我常對網路上向我請益投資的朋友如此說，如果投資方法沒有系統，僥倖的成功反而可能導致未來失敗。

「可複製性」是選擇投資學派最重要的事。傳奇大師們的績效固然迷人，但一般人絕對難以仿效「金融巨鱷」喬治．索羅斯（George Soros）的放空神技；相反地，大家卻一定能理解巴菲特或彼得．林區的生活選股術。

我們每一次的消費都是對各家公司競爭力的投票，選股其實可以是日常生

活的一部分，只是多數人小看了自己的消費意義。指數型基金（ETF）廣受歡迎的原因就是它的可複製性高，只要理解原理，人人都可以上手，而「生活投資學」即是主動投資中具備同樣特質的學說。《生活投資學》這本書會從產業開始，一步步引導你如何挑選到好公司，並透過解讀財報來評估買進時機。重點是你一定可以成功複製這套績優方法，並配合自身獨特的生活經驗挖出「私藏股」，最終成為自己的「生活產業分析師」。

這本書會明確指引你投資的「戰略」方向，由於再努力的戰術或戰鬥都彌補不了戰略的失敗，因此我提出「抗通膨」、「持續性」與「定價權」的產業檢視戰略，讓投資人能贏在起跑點。接著帶領讀者從「第二層思考」的戰術切入公司經營與投資策略，擁有獨立的判斷後便能展開戰鬥、取得報酬。比方說，禽流感是許多人害怕投資畜牧類股的原因，實際上卻是投資人逢低買進的好機會。更有趣的是，我們可以用「交集性」找出產業中輕鬆獲利的公司，例如電商運費補貼戰，在這趨勢中受惠的就是超商類股；大家都有印象超商裡滿坑滿谷的貨品，但有沒有想過投資超商公司呢？

再來，獲利的關鍵在於取得有效的「資訊」，但資訊本身是有價的，法人們透過購買資料庫或培養研究團隊獲取重要訊息。等消息傳到散戶投資人耳裡時，往往已是最後一手訊息，因此菜籃族會賠錢真的有跡可循。好消息是，生活投資學讓我們能從市場上獲得比分析師更快的第一手訊息，因為是我們貢獻公司的營收，進而產生資料讓法人分析，等於公司的好壞是我們說了算。更棒的是，這些資訊完全「免費」，只要你跟著書中範例一起思考，過程絕對是輕鬆學習、快樂吸收，而且會顯著改善你的投資邏輯。

至於大家傷腦筋的買賣時機，本書會從「關鍵財報指標」、「消費習慣」與「政策」切入，讓讀者從更高格局的「價值」角度作為買賣依據而非被「價格」困惑。如此一來，我們便能挖出「定存成長股」，得到長期投資「股利」與「價差」兩頭賺的甜美果食，朝財富自由之路邁進。

生活投資學完全符合知名財經書《安全邊際》（*Margin of Safety*）作者賽

斯・克拉爾曼（Seth Klarman）的「從下到上選股」觀念，一般人投資失敗的原因就是喜歡從上到下選股，總愛追隨世界總體經濟趨勢、油價、匯率甚至政治，但其實對選股的幫助相當有限，因為普羅大眾的專業知識無法消化及統整這些訊息。反觀從下到上的生活選股術，由於「眼見為憑」取得第一手資訊，能幫助投資者達到「價值投資」的目的，使投資人不再人云亦云，搶先其他人做出正確判斷。

最棒的投資方法其實最簡單，但由於太簡單會讓許多金融業者無利可圖，所以市面上才充斥著似是而非的觀念來混淆大眾。如果你想建構最簡單且最有邏輯的投資系統，恭喜你，這本《生活投資學》就是散戶的致勝之道。

生活投資學

領股息、賺價差，最適合散戶的投資系統

目錄

第2章 生活投資股有哪些特性？

第二部 生活投資學的選股策略

第3章 培養有錢人的腦袋——你需要第二層思考

第6章 我如何找到定存成長股？

你無法複製股票明牌，
但可以借鏡投資邏輯。

「生活投資學」

就是專屬散戶的投資主場！

第一部

認識「生活投資學」

第 1 章

什麼是「生活投資學」？

股票市場中最不可思議的事，
莫過於有很多散戶投資人買進他們完全不了解的公司。
那麼散戶究竟該怎麼選股？
答案相當簡單，就是「買你認識的公司」，
而這正是身為散戶最大的優勢之一。

1 最適合散戶的投資系統——生活投資學

生活消費經驗，散戶唯一的選股能力圈。

股票市場中最不可思議的事，莫過於有非常非常多的散戶投資人（retail investor）買進他們完全不了解的公司。

難以置信的是，這群人平常並非視錢財為身外之物，他們願意花好幾個夜晚去研究出國旅遊最划算的方式，從航空公司、飯店、景點間的交通方式，一直比到匯率都要從乾毛巾中擰出水來。但不知道是什麼讚嘆師父的力量，這群精打細算的聰明人一到股票市場，竟可以投資數十萬甚至百萬台幣，買進他們幾乎不了解的公司，對風險輕忽的程度難以想像。更令人玩味的是，在多次虧損後依舊不改其志，絲毫不認為投資的策略有問題，只怪自己運氣不好。在生活中，我並不擅長打籃球，所以改打棒球；有些人數學不好，因此轉向培養外語能力來增加自身的競爭力。然而散戶「玩股票」碰壁，依舊不改變策略或方向，這麼佛心地把錢送給別人的善行，我認為比「複利」更夠資格稱為世界第八大奇蹟。

買股，就是要選自己熟悉的公司

股票買賣雖然是一個市場，但其實是由不同球場所組成，像是科技、醫藥、食品和傳產類股等，就像各式的球類運動供你選擇。散戶把「玩」股票認定成投資的原因，主要來自他們每天獲得來自「法人」（外資、投信與自營商）的比賽資訊，不知不覺便從觀眾席跳到球場中與法人一決勝負。

你發現其中的謬誤了嗎？散戶與法人本質上就存在很大的差異，不管是資金、產業分析能力與媒體關係等都是慘輸，因此少棒等級的一般投資人與法人在同一個球場打球，這樣不輸錢才奇怪。

那麼散戶是否該退出股票市場，轉向投資ETF與共同基金嗎？答案其實沒那麼極端，只要散戶認清自己是散戶的身分，不要以少棒等級的能力挑戰大聯盟的比賽（避開法人角力的個股），或者乾脆不要打棒球，在股市郊區的公園打打羽毛球就好（投資法人不玩的小型價值股），換個球場就能改變自己在股海總是輸錢的「宿命」。切記，走錯球場的下場就是爛命一條。

避開法人後又該怎麼選股？事實上，答案相當簡單，就是「買你認識的公司」。如果買進股票前連公司販售何種產品或經營哪種業務都不了解，下場就只有佛心撒錢給別人一途，成為世界第八大奇蹟。

「績優股都在商店街，而非華爾街。」把股市中球場的場景轉移到商場，身為散戶的最大優勢就是比忙碌的基金經理人有時間逛街，而且消費時對購買的產品具有相當程度的認識，不管是品牌競爭力、產品品質和價格定位等都再熟悉不過。這不就符合我所提的：「買你認識的公司」？這其實是散戶最大的優勢之一，**最好的投資訊息即在日常生活消費中**，透過每天的消費來觀察並記錄市場的第一手資訊，這不是領先華爾街，什麼才是領先華爾街？現在，你要選擇自己掌握第一手訊息，還是接受財經節目中法人給你的最後一根稻草來壓垮自己？我可以很有自信地說，這些來自外國的法人，真的會比我們在地人了解從小到大消費的公司嗎？

舉個在地化的例子。台灣眾所皆知的「葡萄王」（1707）在股價與業績未爆發成長前，對歐美法人來說，很難想像消費者為什麼要花大錢吃葡萄王出品的香菇（mushroom）膠囊？但其實這個看起來像香菇的東西叫「靈芝」（英文也概稱為mushroom），所以對於這家公司的投資判斷，身為在地仔的台灣散戶就贏在起跑點，連我阿公阿嬤都被葡萄王靈芝王的廣告洗腦到不行，知道「靈芝的好壞在於多醣體」。如今這家疑似賣香菇膠囊的公司，已是一個年營收近百億台幣、每股盈餘（earning per share, EPS）[1]將近一個股本的龍頭企業。所以，千萬別小看自身的生活消費經驗。

---

❶「每股盈餘」（EPS）是股市中評鑑獲利能力的公平起跑點，計算公式為公司稅後之淨利除以發行之股票數。

股神巴菲特也不碰的股市風險

「在地化」與「生活化」正是散戶最大的優勢。買生活中的在地企業，買你愛用商品的出產公司，這種我稱之為「生活投資學」或「購物車選股法」的策略卻成為人們忽略的藏寶圖。特別是在這個科技變遷快速的時代，電子股與科技股才是吸引投資的主流，但不變的原則是，千萬別買進你無從分析的企業，通常這類個股就是電子科技類股。如果連股神華倫·巴菲特（Warren Buffett）都建議少投資科技股（因為他認為變化太快，難以評估企業走勢），那我們這些每天財報看得比股神少、產業研究也相對弱勢的散戶投資人，何必急著當散財童子去投資電子科技股？要知道，創業成功率不到一%，所以去投資非常多人創業且需要時時創新的電子科技公司，這個風險可想而知。

曾貴為台股股王的「宏達電」（2498）在二〇一一年的Android市場聲勢如日中天，當年每股盈餘高達七十三·二二元。但好景不長，後續遭遇韓國大廠三星高階手機與中國小米高性價比手機的夾殺，EPS驟減至負一·六元，股價從千元大跌至百元。乍聽之下好像是很長的一段苦戰，實際上才經過「兩年」。你沒看錯，這速度遠比八年「政黨輪替」還要快上四倍。

科技界的變化來得又急又快，社群部落格龍頭「無名小站」沒幾年就被「臉書」取代，曾在台灣獨占鰲頭的「Yahoo! 奇摩」，現在也看不到Google的車尾燈。因此，即使貴為股神的巴菲特，面對科技股都會再三謹慎評估，而較少投資在相關企業。

投資機會遍布日常生活中

站在巨人的肩膀上，會讓你看得更遠。那麼，不喜愛科技類股的巴菲特最愛買什麼股票呢？以下舉幾個大家比較耳熟能詳且在台灣聽過的品牌：

- **可口可樂**（Coca Cola）：據說巴菲特每天要喝上五罐，他每天有四分之一的熱量來自於可樂。如果你有上速食餐廳的習慣，要不喝到可樂還真難。更可怕的是，美國文化到哪裡，可口可樂就在那裡。

・**卡夫亨氏（Kraft Heinz）**：旗下擁有超過兩百個子品牌的食品大廠，就算沒聽過這個名字，其實你在許多餐廳裡已不知不覺吃過亨氏番茄醬，大小朋友們都愛吃的奧利歐（Oreo）和麗滋（Ritz）餅乾也都是它的經典產品。

・**時思糖果（See's Candies）**：這是巴菲特稱之為有「心占率」（Share of mind）的品牌，傳說在加州只要男孩送時思巧克力給心儀的女孩，就可以獲得香吻回報。但如果是買他牌巧克力，只會獲得耳光一個。

・**吉列刮鬍刀（Gillette）**：不用多說，這是鬍鬚男人手一支的經典產品。就算我已經擁有飛利浦電動刮鬍刀，還是需要幾隻吉列手動刮鬍刀來整修儀容，鬍鬚男應該很能體會這種手動刀片無可取代的清潔感。

股神的選股範圍其實就是「生活消費股」，因為這完全符合巴菲特所說的「能力圈」概念，**投資你能理解的公司才能安全持有並獲得長期報酬**，日常消費的相關公司對散戶投資人來說是再熟悉不過了。巴菲特的老師、人稱價值投資之父的班傑明・葛拉漢（Benjamin Graham）對此有同樣的觀點，他曾說：

「買股應該像買日用品，而不是像買香水。」投資機會遍布在生活中習以為常的事物，卻不像香水具吸引魔力的熱門股。**股票明牌無法複製，但邏輯可以借鏡，「生活投資學」就是專屬散戶的投資主場！**

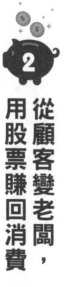

2 從顧客變老闆，用股票賺回消費

「平凡」的日常消費經驗，成就「不凡」的投資成果。

傳奇投資人彼得．林區（Peter Lynch）在麥哲倫基金（Magellan Fund）任職期間，繳出年化報酬率二九％的神級成績單，這位被《時代》（*Time*）雜誌譽為「首屆一指基金經理人」的大師在其著作《彼得林區選股戰略》（*One Up on Wall Street: How to Use What You Already Know to Make Money in the Market*）中提到，散戶績效會那麼淒慘，就是因為跟在專家屁股後面才讓自己的優勢全失。相反地，散戶投資人如果能利用自身的優勢，絕對可以贏過市場專家。當女士們親自試穿一雙絲襪、男士們到各大車廠試乘時，其實等同於做了人們付錢請華爾街專家做的公司基本分析了。

一段小朋友選股故事的警惕

平凡的生活經驗真的可以帶來不凡的投資報酬嗎？《彼得林區征服股海》（*Beating the Street*）中一段關於小朋友選股的故事令我印象深刻，這個故事應該給那些還沉迷於追逐飆股與迷信技術分析的大人們看看才對。

場景發生在一九九〇年，一群來自美國麻州聖艾格尼斯學校的七年級學生（相當於台灣的國一）在老師墨麗絲的引導下，根據每個人的生活經驗，統整了共十四家企業的個股來模擬投資。結果這個投資組合在兩年間（一九九〇至九一）的投資績效高達七〇％，大勝同期間S&P 500指數的二六％報酬（其實二六％也算頂尖績效了）。要知道，這如果是實際操作的績效，可是會讓全美九九％的基金經理人失業。

墨麗絲老師指導的選股邏輯淺顯易懂且原則相當簡單，投資組合內必須是學生們能夠說明產品與服務內容的公司，例如小朋友們腳上的耐吉（Nike）球鞋、週末會跟爸媽去採買的沃爾瑪百貨（Wal Mart），以及身上穿的GAP衣服，光是這三家就分別在兩年間繳出了一七八・五、一六四・七和三二〇・三%的績效。

除此之外，學生們選股時由於使用了Pentech所生產的螢光筆，靈機一動也研究了該公司的財報，結果發現公司財務健全、沒有長期負債，因此也將Pentech納入投資組合中，最終上漲了五三・一%。彼得・林區當時還獲贈一支Pentech兩用筆，老師希望這位「同業」也研究一下，結果股價居然大漲，讓彼得・林區留下深刻印象。墨麗絲老師表示：「學生們買自己所消費的公司，讓他們也覺得對公司收入有貢獻。」我想這就是生活投資最迷人之處，讓你**從「顧客」變「老闆」，用股票賺回平常消費**。

身為消費者的我們為什麼喜歡到特定的地方購物，而且總是購買差不多的東西？更特別的是，為什麼同樣的商品我們卻不會到同樣販售此產品的其他商場購買？原因是這家店離你家比較近的「便利性」，還是因為「品牌」根深蒂固的印象讓你做出這個選擇？再換個情境，今天我們在架上挑選商品時（例如餅乾），其實擁有許多思考空間，但不知道你是否跟我有同樣經驗，本來想換換別的「品牌」嚐鮮或試試「新口味」，最後還是情不自禁地拿了自己最愛的品牌且特定口味的產品；有趣的是，假設我們能針對這些「無法抵抗」的消費習慣進行研究，就是最好的投資分析了。那些讓你愛不釋手甚至不想買卻還是敗家的產品之公司，是你應該認真考慮投資的對象。

相信媒體報股，還是相信自己的消費行為？

還記得美國聖艾格尼斯小朋友們的精彩績效嗎？同樣的情景，我們把名單換成台灣的在地企業：台灣人最常去的超商是「統一超」（2912），最多人開的 TOYOTA 和 LEXUS 是「和泰車」（2207）代理，最常吃的零食是「統一」（1216）生產，打掃時最喜歡用的是「花仙子」（1730）的好神拖，量販店裡雞肉加工食品最多樣的品牌是「卜蜂」（1215），南部人最愛逛的大型美妝百貨為「寶雅」（5904）。現在回頭看這些股票多年來的長期大漲勢，會發現投資獲利原來不難，只是難在我們於股票市場中，總是做出與現實消費相反的買進行為。

多數人還是喜歡追逐法人熱中的科技股（電子科技、生物科技），可惜，最後往往是「有夢想得美，套牢常相隨」。正確的思維是：「**當一家公司的忠實客戶，更要成為他的股東**」，每一次的消費行為都是不同公司產品的比較，購買決策已經排除掉股市中無競爭力的公司。如果我們寧願相信媒體上的花言巧語，而不相信自己真實的消費行為，那麼投資要不輸錢才怪呢。

除了相信自己的消費行為，事實上，當你的投資思維從「顧客」轉換成「老闆」時，還能帶給你金錢以外的「心靈財富」。舉個例子來說，出身南部的我非常不適應台北潮溼的天氣，但自從持有國內除溼用品「克潮靈」的花仙子股票後，同樣在連續一週下雨的壞天氣下，我的心情卻美麗不少，因為我知道大家又該去買除溼補充包了，對於大家幫忙準備來年的「股利」，心中滿是感恩。

我媽更有趣，自從存股組合中新增了「聯華食」（1231）後，每次拜拜到賣場選購零嘴時，已經不讓她最愛的兒子有選擇餘地，買「可樂果」就對了。

有一次她在好市多買了一箱可樂果來拜拜，她非常開心能對自己的公司有所貢獻。為了母親的股利，身為孝順兒子的我吃了整整一年的可樂果。不過我已計畫介紹更多的食品股給她參考，希望我之後的孝順能輕鬆點，至少有多種食物可以選擇。

第2章

生活投資股有哪些特性？

邏輯是投資路上最重要的事，

「抗通膨」和「持續性」是我挑選生活消費概念股時最在乎的條件。

確立「生活投資」的核心理念，

遇到售價「通膨」的商品、「持續」被某公司賺走的錢、

買進「定價高昂」的商品，

就能將這些感受轉換成投資靈感，因為「從哪裡失去，就從哪裡賺回來」。

3 既要「抗通膨」，還要藉「通膨」賺更多錢

那些產品一年比一年貴的公司，就是你該一想再想的投資機會。

雖然巴菲特和彼得．林區都是生活選股的大師，但這並不意謂著「買產品就能買進公司股票」。在我倡導生活投資的過程中，有許多人誤以為這個方法屬於「買進」的邏輯，實際上，我定義生活投資學是一個「選股」邏輯。例如我常常到某家連鎖餐廳用餐，這不會成為我立刻買進所屬公司個股的理由，但因為常常去光顧，就代表有一定程度的熟悉度和認同感，而這會是促使我去研究該公司狀況的絕佳動機。當我對一家公司的獲利現況、現有競爭者、公司經營者品行和未來前景尚未有清楚輪廓前，我是絕對不會貿然買進股票。至於後

續的評斷標準是什麼，就是這本書存在的理由，讓我們先從「抗通膨」開始。

民生物價節節升，3C物價直直落

百姓在日常生活中最有感覺也最厭惡的，絕對非「通膨」莫屬，雖然台灣近二十年幾乎沒漲過薪水，然而萬物皆漲。

還記得我國小時（將近二十年前）非常愛吃統一出品的科學麵，一包售價五元，不過現在售價已翻倍到十元。再舉一個例子，十年前我剛上大學時非常愛吃高雄的正忠排骨飯，店內招牌的排骨便當售價五十五元，好吃又划算。不久前去吃，發現售價已經到七十五元，十年間漲了近四成。相信你也有這樣的經歷，愛喝的瑞穗鮮奶漲價了，最愛拍照打卡的星巴克咖啡也漲價了，雞排更是一路漲到一塊六、七十元。重點是，漲價的理由隨便找都有，例如油電雙漲、原物料成本上升、一例一休等，不過更氣人的還在後頭，那就是即使無鉛汽油從我大學一公升三十五元跌到前陣子二十五元以下，物價卻還是像《犀利人妻》劇中的經典台詞一樣：「回不去了。」所以大家才會說錢變「薄」了，如今同樣面額的鈔票卻買不到過去曾經喜愛的商品，「實質購買力」隨著通膨不斷下降。

既然食品這類商品的售價會「通膨」，那麼有沒有「抗通膨」的產品呢？其實也不少。印象中在我國中、小學時的筆電一台動輒四、五萬元，現在到台北光華商場（知名電腦商圈）隨便逛逛，兩萬以下就可以買到有四核心、獨立顯示卡且硬碟動輒破千ＧＢ的堪用筆電。

九年前，我的第一支智慧型手機是「宏達電」（2498）的 Tattoo，還記得當時的螢幕不到三吋，而且解析度超差，快取記憶體（ＲＡＭ）也才一二八ＭＢ，使用起來頓得要命，卻要價上萬元（建議售價為一萬三千九百九十元）。對比二〇一七年底因應看盤需求而買小米出品的紅米手機，螢幕是五·五吋的 Full HD，快取記憶體高達三ＧＢ，而且機身是鋁合金還有指紋辨識，這種規格在十年前連五萬元都買不到，現在居然只是入門機定位，讓我只以四千九百九十元就入手。入門智慧型手機的售價年化通膨率為負一二％，一個不斷創新的產業卻得面對產品售價下跌，長期投資這類公司的勝算會高嗎？一般來說，科技產品都帶有「摩爾定律」的原罪，需要不斷的創新才能維持原本產品的售價，更常見的狀況則是愈來愈便宜。

為什麼生活概念股能抗通膨？

邏輯是投資路上最重要的事，這些生活體驗告訴我們該去買「抗通膨」的公司，不過我指的不是去買產品售價愈來愈便宜的企業，而是買產品或服務會因為通膨而漲價的公司。如此一來，每次的通膨就能夠幫助企業達到轉嫁成本（立於不敗之地）的作用。

投資這種企業不只能解決成本上漲問題，還能藉由成本下降但售價不變來賺到「利差」。天下有比這還好康的事嗎？一般情況下，成本高漲時，經營者順理成章調高商品價格，但成本下降時就選擇性地遺忘成本問題，而這正是過去許多人想不透生活投資概念股既然都是內需股，何以在台灣人口負成長的情況下依舊盈餘成長的原因之一。到底是物價上漲的幅度大，還是人口下降的速度比較快，想一想就能豁然開朗。最典型靠「通膨」賺錢的企業都是與民生需求相關，因為即使他們漲價，你還是得吃飯、依舊要生活。二〇一七年八月，旗下有超過五千家 7-ELEVEN 超商的「統一超」（2912）取消了自二〇〇九年開始的三十九元早餐自由配，只剩四十九元與五十九元的組合。所以儘管基本薪資、電費及原物料上漲，統一超始終保持成長的關鍵因素之一就是來自獲利能抵抗「通膨」。表 1 是台股中能抗通膨的幾家企業範例。

投資能靠通膨賺錢的公司，人生變彩色

彼得・林區曾表示自己有「科技恐懼症」，不會去投資他不了解的科技相關公司。除了一般投資人的「能力圈」無法判斷這個產業，我認為售價不「通膨」是科技股讓我敬而遠之的原因。試想一下，如果你經營了一家筆記型電腦公司，假設每年都支出同樣的研發經費甚至更多，但商品售價只能愈來愈便宜，在如此先天不良的情況下，你認為公司能持續成長的時間有多長？

在日常生活中，我們很少能看到一直位居科技前端的企業（蘋果電腦是少數），因為科技本身的變化速度太快，高科技永遠會被未來的高科技取代，這

表 1　台股抗通膨企業範例

企業	業務內容
統一（1216）	乳品、飲料、速食與麵包等
聯華食（1231）	超商鮮食、堅果、休閒食品
大統益（1232）	食用油品
統一超（2912）	便利商店、流通事業、物流
中華食（4205）	盒裝豆腐、火鍋料、甜點

資料來源：Yahoo! 奇摩股市

對於產品售價來說無疑雪上加霜，當技術不如人時就只能以「價格戰」應對，種種因素造成科技類商品無法維持穩定盈餘的售價。台灣的科技類股皆是以代工為主要型態，更要以削價競爭或薄利多銷來爭取飽受產品售價下降的品牌廠訂單，所以你會想要投資這樣型態的產業，抑或那些讓你邊罵漲價卻還一直買的產業類別？

各位之所以成為「主動投資」者的一大原因，正是因為覺得錢放在銀行會被「通膨」吃掉、變得愈來愈薄，因此選擇承擔部分風險，到股市爭取更高的報酬。順著這樣的思維，如果在股市裡同樣買進被通膨吃掉毛利的公司，不覺得非常不符合邏輯嗎？大家在股市中最愛提「護城河」，不論是市占率還是技術面等等，我個人認為，沒有什麼比能「抗通膨」且靠「通膨」賺到額外利潤還要棒的護城河了。請記得，**「方向比努力重要」，如果投資艱辛的產業，再好的技術和市占率都會被產品售價下滑吃掉了利潤**。所以，現在只要聽到全世界智慧型手機廠沒有幾家真的有賺到錢，便能明白背後的原因了。

在此奉勸大家，趕快投資能夠靠「通膨」賺錢的公司，天下沒有比這個更棒的事了。

4 瞄準「持續性」，避開「低回客率」

一個能用二十年的電鍋是好家電，但不會是好股票。

「持續性」是我挑選生活消費概念股時最在乎的條件之一。許多散戶為什麼一買股票就被套牢，正是因為買到產品無「持續性」特質的個股。看到公司營運良好時才買進，反而套在最高點，因為缺乏「持續性」的關係，公司業績如同花無百日紅，導致每次的利多進場都「利多出盡」。

「持續性」的威力到底在產業扮演了多關鍵的角色？先從我所學相關的生物醫學談起吧！

請試著思考，癌症和慢性病哪個比較嚴重？想當然耳，答案非癌症莫屬。

但有趣的是，根據寰宇藥品公司的統計，二〇一六年台灣前六大銷售金額藥品中有高達一半不是癌症用藥，而是治療如心肌梗塞和降血脂等慢性病的用藥（保栓通、冠脂妥和立普妥）。為什麼慢性病用藥的銷量能超越肝癌或大腸癌用藥的銷量？不就是因為慢性病是一種醫不好但不治療又不行的疾病種類，所以患者需要一吃再吃。相反地，癌症藥物雖然要價不斐，不過患者得癌症後的壽命有限，因此單一患者對藥物的購買力也受限。藥物使用的「持續性」，就是讓價格較低的慢性病藥物銷售額能夠超越部分癌症藥物的重要原因之一。

股神投資看重的產業特質

「價值投資」和「長期複利」是股神巴菲特廣為人知的致勝之道，不過就我個人觀點來看，這兩者都僅僅是「買賣策略」的格局，而非「致勝思考」。方向遠比努力還重要，所以股神的選股出發點在哪才是重點。

「持續性」正是我觀察到巴菲特最在乎的產業特質之一，像他最愛的可口可樂就屬於高「回客率」的產品，具有持續銷售性，所以他自己會天天喝、年年喝，覺得換別的可樂牌子就會走味，具有絕佳的「心占率」。另外，他投資的吉列刮鬍刀也同樣具備銷售「持續性」；刮鬍刀片會隨著使用而影響銳利度，因此消費者必須經常添購新刀片來替換，更別說要跳槽到別的品牌了，這麼做不僅浪費舊有刀柄，還必須添購新刀柄，根本是賠了夫人又折兵。

光是這兩個案例，你就知道消費的回客率有多麼重要。這也是為什麼股神這麼喜歡民生消費產品，除了大家老生常談的不受「景氣循環」影響外，「持續性」更讓這些類股適合投資人長期投資，因為獲利不會曇花一現，而且會是年年有餘。

看準三大特色，散戶也能下對注

對散戶的好消息是，判斷企業是否具備消費持續性一點也不難。請記得，「生活投資」是我們的主場，只要回想一下你必須一買再買且經常是同一公司出品的產品，答案就呼之欲出了。

這些公司通常有三大特色：

一、符合民生基本需求與習慣、提供食衣住行育樂相關的龍頭公司

所謂民以食為天，最典型的民生持續消費需求就是飲食，只要順著這個邏輯，就能聯想到食品相關類股。例如國內食品龍頭「統一」（1216），從小到大我已數不清吃過幾包統一肉燥麵、純喫茶和麥香系列飲品了，台灣人一生中要不吃到統一企業出產的商品，可說比登天還難。

另外，食品有「口味」上的習慣，使得特定食品廠具有高回客率，是一道超強的無形「護城河」。君不見每次搭配滷味和火鍋的泡麵幾乎都是「味王」（1203）的「王子麵」，如果我是店家老闆，我還真不敢不賣王子麵呢。

其他如提供洗澡、煮飯用天然氣的「大台北」（9908）、加油站的「山隆」（2616），同樣都是民生需求相關的典型個股。

二、產品需要更換耗材或保養，所謂買車容易養車難

營運關鍵字中有「耗材」與「保養」的企業，絕對是持續性賺走你的錢的高手。所以人家才說車子是負債，因為不只買的時候花一大筆錢，後續「保養維修」還要再讓車廠賺一次，每年都大賺一個股本以上的國內龍頭「和泰車」（2207）就是最佳代言人。

此外，運用「耗材」盈利模式達到極致的例子就是清潔用品大廠「花仙子」（1730），其所生產的「克潮靈」除溼、「好神拖」與「去味大師」等產品都需要一再補充耗材——除溼盒要替換吸水顆粒、拖把要換拖把頭、除臭產品要補充香精。消費者買了一次就會從「過客」變「熟客」，而我就是那位換了好幾個拖把頭的「回客」。

三、轉換成本，要跳槽前必須考量三天三夜的產品或服務

我自己換過不少手機，每支手機的使用期平均不超過一年半，倒不是因為手機壞掉，通常是因為使用上遇到卡頓時就會考慮換機。而我的摩托車一直從我十八歲騎到博士畢業前夕，因為要花大錢維修才下定決心換車，歷經十年才換新。如果你也有相似的經歷，不難理解先前「宏達電」（2498）可以在幾年內從上千元股價跌到百元以下，對消費者來說，換手機這件事的金錢「轉換成

本」並不大。相對地，別說是一輛汽車，連一輛機車都是修到不能再修時，使用者才會考慮更換，就算維修不划算，但考量到新車實在太貴的狀況下，通常還是會選擇維修。

現代建築少不了的電梯更是顯而易見的例子。你家大樓如果有超過十五年的老舊電梯，恐怕也不會輕易花大錢換新，通常是選擇維修保養來維持狀況，相關公司如代理日本 TOSHIBA 電梯的「崇友」（4506）。

這就是為什麼「轉換成本」是非常重要的無形護城河，因為它可以讓企業持續營利。前面提到的刮鬍刀柄、好神拖的拖把本體及桶子，甚至是食品的經典口味，都屬於轉換成本，讓老顧客不得不持續消費。

長期投資首重長期獲利性

務必記得，在生活中發現投資靈感的時候，別忘了檢視「持續性」這個特質。例如大家最愛用的電鍋一用就是十幾二十年，雖然產品很好，但對公司來說，這段期間等於完全賺不到錢，因此這類營運模式的公司就不會是我考慮的方向。

別忘了，**長期投資的重點不僅是「長期持有」，公司的「長期獲利性」更為重要，而「持續性」正是影響持久獲利的最關鍵因素。**循著這個邏輯，台股散戶也不該長期投資蘋果概念股，因為毫無持續性，代工一次iPhone賺一次錢，營運方式毫無「複利」可言。萬一明年沒有接到iPhone的訂單就會導致衰退，而且深受銷售量所影響。相較之下，還不如投資美國蘋果總公司，因為其營運持續性非常強（詳見下一節），如此才能持盈保泰。

關於本節提到的三大持續性特徵，請務必熟讀、詳讀而且天天讀，那麼這種公司變成壁紙的機會就絕對小很多。掌握持續性原則後，我們便能進一步分辨壞的好消息（一次性盈餘）或好的壞消息（逢低買進被錯殺的公司），成為真正的價值投資者。

5 掌握「定價權」，不漲停但漲不停

擁有售價高漲、消費者卻依舊買單的產品，正是護城河最深的企業。

我逛大賣場時都會特別關注熱賣商品的價格，尤其特別注意「售價」比對手高卻仍銷售較好的商品。要知道，消費者精明得跟神一樣，他們是不會把錢花在沒有價值的事物上，因此那些商品「定價」高昂的企業，其競爭力通常也很強勁。相對地，一些成本高漲卻無法反應在商品售價的公司，最好不要碰比較好，否則你又要成為世界第八大奇蹟了。

「蘋果」為何那麼賺？

什麼樣的企業會有「定價權」？因為讀者都認識巴菲特和蘋果電腦，這無疑是最棒的例子。股神巴菲特幾乎是不投資科技股的，但蘋果電腦卻是他少數持有的科技股，所以他的考量是什麼呢？別開玩笑了，其實我也不知道，因為我不是巴菲特，而且和他很不熟，喜歡提他只是為了讓讀者有共鳴。

對於巴菲特投資蘋果電腦的考量，我個人的解讀非「定價權」莫屬。在當前一支手機不到新台幣五千元就擁有超讚規格的情況下，iPhone 居然一年比一年貴，二〇一七年推出的 iPhone X 售價最高更接近四萬元大關，不投資這種公司還能投資誰呢？或許多數人的觀點認為是品牌效應，不過要知道，科技產品的差異是非常明顯的，使用上可以輕易分辨不同產品的優劣，因此售價單靠「品牌」是相當難維持的。

蘋果「定價權」的關鍵在於「持續性」與「轉換成本」，所以能成為世界獲利能力最強的手機品牌。首先，iPhone 與 Android 手機最大的差異在於「軟體」，例如 iTunes 上有販售音樂和電影、App Store 上的「付費軟體」下載量又高，因此每賣出一支蘋果手機後並不是單次收入，後續還可以靠賣軟體和內容繼續創造營收（獲利持續性）。就好像 iPhone 使用者的我很懶得出門租片，我都是用 iTunes 租最新的電影在家觀看；唸英文常常弄丟紙本雜誌，便在 App Store 買電子雜誌來學習。相反地，Android 陣營的軟體收入都被 Google 賺走，相關手機品牌廠根本沒有「持續性」收入，都是在幫 Google 打免費工。所以先前我們提到ＨＴＣ在兩年內的ＥＰＳ從七十元衰退到虧損，就一點也不感到意外了，當你今天買ＨＴＣ、明年改買 iPhone 時，你個人對宏達電的營收衰退幅度就是一〇〇%，就算其他用戶隔年不換手機，對宏達電的貢獻也幾乎是零（手機配件通常是買副廠）。

近期行動支付崛起，擁有數億名 iPhone 使用者的 Apple Pay 自然成為市場領導者之一，這讓蘋果的「持續性」收入再添一筆，管你今天是綁定 VISA、Master 還是中國銀聯卡，只要用 Apple Pay 刷卡，銀行就要乖乖支付手續費給蘋果。因此未來蘋果不僅是一家３Ｃ大廠，還是一家非常有影響力的數位金融企業，所以為什麼巴菲特的波克夏控股公司（Berkshire Hathaway）要投資蘋果，其能創造「持續性」收入是我認為的重要關鍵之處。

連鎖功能讓果粉不離不棄

你一定有印象，買了 iPhone 的人最後也會買 MacBook 筆記型電腦，甚至會買 AirPods 藍牙耳機和 Apple Watch。我個人除了手錶沒買，其他都買了，原因無他，因為蘋果把不同產品之間的使用整合得太好了，當我拿起 AirPods 耳機時，iPhone 就會自動配對，而當在同一個 WiFi 網域下，手機鈴聲響起時，同樣能顯示在 MacBook 電腦上並接聽，如此一來就不用去拿手機了。

這一連串的效應導致了高「轉換成本」。假設我想改用其他品牌的手機，不僅要改變不同系統的使用習慣，同時我還會失去手機與筆電及藍牙耳機的連結功能，一想到這裡，下一隻手機還是會乖乖選擇漲價後的 iPhone。還有一點，如果轉換不同系統的手機，原本在 iTunes 上買的音樂及 App Store 下載的付費軟體都會化為烏有。

講了這麼多，你還會覺得蘋果只是因為「潮」而愈來愈多人拿嗎？事實上，是它建立了自身的生態系，才能從少數人用蘋果到最後人手一隻 iPhone，因為只要用過，基本上就「回不去」Android 陣營了。在「持續性」和「高轉換成本」的加持下，消費者持續購買單價格高漲的 iPhone，根據市場諮詢公司 Canaccord Genuity 統計，蘋果從二〇一四到一七年間，占全球手機廠六八至九〇%的利潤。

賺回失去的錢

台灣股市中同樣有許多具備「定價權」的企業，印象最深的例子是二〇一七年的一例一休政策使得物流業週日送貨人事成本大增，統一超旗下的黑貓宅急便為因應成本上升，將最低運費從八十八元調整成九十五元，卻在兩個月後宣布週日取消送貨！消費者面對這種擁有「定價權」的企業，實在是一個頭兩個大，原本多收錢是為了週日能送貨，現在週日不送了，那麼調整的運費是進司機口袋還是公司口袋？前面章節提到，**擁有「抗通膨」與「持續性」特質的**

公司也都具有「定價權」，日常生活飲食費節節高升便是食品企業定價能力的展現。我現在看到家裡花仙子出品的好神拖套組就知道完蛋了，因為買了第一次之後，就算拖把頭小漲價，之後還是得買專用的拖把頭，水桶壞了也得買專用水桶，如此一來，公司便掌握了「定價權」，能夠隨時反應成本問題。

因此，失去「定價權」的企業千萬投資不得。先前提到的科技產業就是其中之一，產品愈來愈便宜，不論是筆電、手機和其他消費型電子用品皆然。從國內兩大電子品牌「華碩」（2357）和「宏碁」（2353）的毛利率都不到一五％就可看出，這與其所屬產業的定價能力低落有高度相關。

特別要注意的是，過去的績優電信產業也出現了這樣的問題。我大學時期的３Ｇ吃到飽要上千元，現在的速度更快且花了電信業者們上百上千億元投資的４Ｇ網路，卻殺到五、六百元甚至更低，投資更多卻收入更少，這樣的產業現況對企業發展絕非好事。

相較於高收入的專業投資人，他們到賣場買東西的價格敏銳度一定沒有老百姓高，而這正是散戶投資人的一大優勢。只要確立「生活投資」的核心理念，遇到售價「通膨」的商品、「持續」被某公司賺走的錢、買進「定價高昂」的商品，就能將這些感受轉換成投資靈感，因為「從哪裡失去，就從哪裡賺回來」。

第二部

生活投資學的選股策略

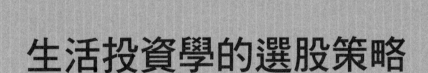

第 3 章

培養有錢人的腦袋——你需要第二層思考

散戶沒有踩地雷的權利，
資本不足的普通投資人只要一次投資大虧損，
不僅會嚴重影響投資報酬率，
所剩無幾的資源也難以讓你東山再起。
為了不陷入「大腦無意識」的捷徑模式，
我們必須使用第二層思考，
強迫自己投資時深入思考風險。

6 擺脫「從眾心態」，從股海脫穎而出

唯有遠離人群的雜音，投資才能有不一樣的思考。

我在投資的前兩年就輸掉百分之五十的本金（大學三、四年級的時候），直至領悟到一個真理後，我不僅在兩年之內把過去的虧損打平，也開始藉由投資獲得不錯的報酬。「生活投資學」是這段時間最重要的選股原則，但更深層的內涵其實是遠離人群並開始「第二層思考」，這個觀念是我閱讀完霍華・馬克斯（Howard Marks）所著的《投資最重要的事》（*The Most Important Thing Illuminated: Uncommon Sense for the Thoughtful Investor*）後的領悟，進而發現贏家之所以卓越的最大關鍵。

要獲利，首先避免隨波逐流

我發現，成功的投資者都懂得一項原則——擺脫「從眾心態」，這正是通往投資成功的必經之路。試想，如果你和多數人的想法相近，該如何繳出比別人更好的成績單？況且如果多數主流的想法是對的，那麼為何市場上虧損的人總是占相對多數？因此，成功的投資必須先建立在自己獨特的見解上，才有機會達成。

當時我對於擺脫「從眾心態」的方法如下：

一、停止收看有線電視上的股票與財經節目。

二、不購買任何股票投資相關的雜誌。

三、不相信任何人所說的「內線」與「明牌」。

坦白說，當時我並不是很清楚該如何擁有獨立思考的能力，但我明白如果不做出改變，依舊堅持造成虧損的投資方式，一定無法反敗為勝。因此，我決定將手上虧損的股票換成基本面較好的公司（拿回資金），接著嘗試在不仰賴媒體報導的情況下尋找投資標的（不隨波逐流），最終才發現「生活投資學」這個有趣又有效的投資方法。

在這個誤打誤撞的過程中，我買進了較少人關切的公司。由於人氣也是影響股價的原因之一，因此買進的價格就會比較貼近個股的價值，自然能增加投資的勝算。值得一提的是，我更運用了「能力圈」、「非效率市場」與「經營者思維」等第二層思考，才讓我得以獲利（後續章節會針對這幾個觀點做進一步討論）。這一切的一切都必須從擺脫從眾思考的心態開始，**當你與多數投資人想的一樣，這屬於「第一層思考」，自然無法在股海中脫穎而出。**

遠離人群，才能提高決策正確性

當投資人使用了錯誤的投資方式，就算再怎麼努力也是深陷散戶虧損的命運。那麼問題出在哪呢？正所謂「戰術上的成功，彌補不了戰略上的失敗」，一個不具有第二層思考的投資人往往把時間花在打聽消息與明牌上，這樣的訊息通常是經過好幾手才到達投資人手上，倘若自己沒有擬定投資戰略，這樣的戰術一定會落得徒勞無功的下場。

更糟的是，一味地追逐市場訊息，非常容易陷入「旅鼠效應」（Lemmings effect）的謬誤。旅鼠是種居住在北極凍原的可愛嚙齒類小動物，在迪士尼一部獲得奧斯卡獎的動物紀錄片《白色荒野》（*White Wilderness*）中，拍攝到旅鼠集體跳海自殺的奇異現象，片中描述當旅鼠的數量超過環境上限時，缺乏糧食的生存壓力便逼迫牠們瘋狂尋找新棲息地，甚至產生集體跳海自殺的現象。

巴菲特把旅鼠效應譬喻為「投資市場的盲從現象」，意指投資人經常追隨主流的決定，而不多加考慮合理性。他更提到多數基金經理人寧願選擇墨守成規的失敗，也不願意走自己的路，因為非常規的決策如果導致失敗，將會使他們失去飯碗；相反地，旅鼠般的自殺行為不只能保住飯碗，投資人給予的手續費依舊源源不絕。而盲從市場導致失敗的散戶也不會覺得自己需要改變，就像集體自殺的旅鼠一樣自然。所以，身為讀者的你是想當旅鼠群中的一員，還是勇於走自己的路？

蓋伊・斯皮爾（Guy Spier）是美國著名的避險基金海藍寶資本管理公司（Aquamarine Fund）創辦人，他不僅以基金創立以來累積超過四〇〇%的投報率聞名，更讓人津津樂道的是，他在二〇〇七年以六十五萬美元標下「與巴菲特的午餐」，以求當面請教股神。在他自己的著作《華爾街之狼從良計：一個價值投資者的旅程》（*The Education of a Value Investor: My Transformative Quest for Wealth, Wisdom, and Enlightenment*）中，有一段特別提到要建構自己理想的投資環境，這是他從巴菲特身上觀察到的成功祕訣。不說大家可能還不知道，巴菲特其實並不是在金融重鎮華爾街工作，而是在相對偏僻許多的家鄉奧馬哈進行投資決策。觀察到此點後，身為一號巴菲特粉絲的斯皮爾因此體悟到，唯有遠離紐約的塵囂，才能擁有穩定的心緒來提高決策的正確性，於是立刻就將營運中心從紐約搬到瑞士。顯然他認為，比起紐約豐富的金融情報，能讓他心情平靜的瑞士才是成為卓越投資人的最佳選擇。唯有遠離人群，才有機會獲得比市場更好的成績。

身為散戶，不能一味跟風

對散戶而言，或許不用為了投資而改變住處，但切記**要做出買賣決定前，一定要遠離人群的雜音，才能做出正確的判斷。**

以近年紅遍台股半邊天的元大台灣卓越50基金（0050.TW）為例，市場上的論述不外乎是：一、分散投資風險（台灣50是由五十檔台灣市值最大的公司組成）；二、具有汰弱換強的篩選機制；三、買了不會倒。但投資人在買進之前，是否知道台灣50光是台積電一檔股票就占了約三二・三一％的權重，五十檔成分股中有高達十四檔是金融壽險股，半導體與金融類別就占了五三・七三％的成分股（統計至二〇一八年六月），如果只看個股組成，把台灣50稱為半導體金融精選ＥＴＦ也不為過！

根據這樣的組成可以發現，近年台灣50的高漲主要來自台積電的貢獻，也就是說，單買後者反而可以獲得更高報酬，而且當後者表現不好時，ＥＴＦ本身也會受到極大影響。試想當一檔個股能影響ＥＴＦ走勢時，市場上公認的分散投資風險還存在嗎?而在汰弱換強的部分,由於台灣產業太小,容易使特定股本龐大的產業進入指數成分股(例如金融業),而失去分散產業風險的訴求。

我印象最深刻的是在二〇一七年,台灣50把年獲利將近一個股本的「儒鴻」(1476)換成EPS只有其五分之一的「台灣高鐵」(2633),就是因為鐵路建設資本密集的特性,讓盈餘較差但股本大很多的台灣高鐵取代儒鴻成為成分股。如果投資人選擇此檔ETF長期投資,是否清楚了解並接受這樣的機制?此處不是在討論台灣50的優劣,而是提醒身為散戶的我們在投資前要擺脫從眾思考,親自對投資標的下工夫分析。**當你獨立思考後,自然能針對投資標的做出適合長期投資或價差操作的判斷,且能明白商品的風險與未來性。**

噢,對了,後來發現旅鼠根本不會自殺,牠們還是游泳高手呢!電影中的情節只是攝影師為了劇情需要而製造集體自殺的假象。所以準備好隨時思考,不再盲從了嗎?

7 不當輸家，勝算跟著來

輸家永遠只想要贏，贏家永遠想著不能輸；失敗者追逐誘餌，勝利者拒踩地雷。

已故的「價值投資之父」葛拉漢是影響巴菲特投資觀念最重要的導師，他和大衛・陶德（David L. Dodd）在一九三四年合著的《證券分析》（*Security Analysis*）奠定了證券分析的基礎，時至今日仍深深影響全球投資市場的觀念，巴菲特曾表示，這是他一生中最愛的四本書之一。對於如何在股市中成為贏家，我認為可以從葛拉漢的投資原則中一窺究竟。他提到，成功投資者要遵守兩大原則：第一是絕對不要虧損，第二是別忘了第一個原則。

不要想著贏，先想不要輸

現在回頭看我初期的投資屢戰屢敗，一點都不感到意外，因為當時的我一心只想贏（獲利）。你可能會覺得很奇怪，投資不就是為了贏嗎？但我希望大家轉換成第二層思考模式。市場上多數人都是這樣的想法，但大部分的投資人卻都處於虧損情況，想贏錢的心態似乎會對獲利產生負面效果。**我建議散戶使用第二層思考，要先想著不要輸，不是想著怎麼贏；想贏的心態很容易被消息面吸引而忽略伴隨而來的風險，不要輸的心態則會在謹慎評估後才出手，避免成為從眾的旅鼠。**

一心求勝的心態是進攻模式，進攻者會尋找任何可攻擊的機會邁進，當新聞媒體上一有個股的利多消息時（成為ＸＸ概念股、接到大單、轉虧為盈），見獵心喜的心態就會嚴重影響投資決策。人是一種高度仰賴習慣的動物，意謂著大腦的運作都是走「捷徑」而非「思考」，因為下任何判斷都會耗損能量，而生物為了生存的演化結果就是傾向節省能量，也就是說，我們總是會「不判斷自己要判斷」以達到節能目的。

我們的生活都是依靠這樣的機制進行，例如通勤時根本不用思考路該怎麼走、是否該帶安全帽出門，只要你養成某種習慣，身體就會以本能反射的方式來進行活動，目的是為了控制身體能量的耗損。所以，當投資人預先設想「贏錢」的選項時，往往會對利多消息毫無招架之力，因為這完全符合大腦的預設選項，瞬間就幫你與這些迷人消息自動配對了，而且這股對勝利的渴望還會完全壓抑負面資料的呈現（基本面尚不佳、安全邊際不足），也就是行為心理學提到的「確認偏誤」（confirmation bias）。相反地，如果投資人以不輸錢的角度出發，就能利用大腦的本能幫忙尋找相對應的資料，對於投資風險也就會特別敏感。當以評估風險的角度出發時，自然能減少投資失敗的機率，此時勝算便伴隨而來。

想要獲利，還是只求不虧損？

切記，散戶沒有踩地雷的權利，資本不足的普通投資人只要一次投資大虧損，不僅會嚴重影響投資報酬率，所剩無幾的資源也難以讓你東山再起。如果你問我能否每次都投資成功，我會回答這不一定能做到；但如果你問我能否經常避免虧損，我想這是很有把握能夠達成的。以下兩種心態的差異，會讓你清楚了解延伸的想法多麼天差地遠，投資的結果自然大不同。

獲利心態與不虧損心態的差異如下：

一、對於XX概念股的解讀（以 iPhone X 為例）

想獲利：應盡快買進，才能賺到未來完整的股價漲勢。iPhone X 是革命性的手機，投資相關概念股非常符合大趨勢。

不虧損：公司雖屬於 iPhone X 概念股，但是否屬於提供關鍵零組件的廠商，且 iPhone X 對公司的盈餘貢獻度是否顯著，應避免過度放大利多消息。

二、公司接到大單

想獲利：大單對於近期營收會有大貢獻，因此趁股價還沒有高漲的時候盡快買進。

不虧損：得再評估未來是否還有接到同樣大單的可能，而且公司如果為了此次訂單而擴充產能，萬一未來的訂單不如預期，反而要面對資本支出攤提的壓力。

三、轉虧為盈

想獲利：公司已經開始獲利，如果獲利前的股價都有這個價位，那麼每股盈餘轉正後的股價勢必高漲。

不虧損：雖然公司轉虧為盈，但當前本益比❷太高，並不符合價值投資的原則，留待後續觀察是否能獲利並靜待股價回到低本益比時再評估。

追求獲利的心態會帶來動力，但為了不陷入「大腦無意識」的捷徑模式，

❷「本益比」是一種用來評價股價昂貴與否的指標。本益比愈低的公司，理論上愈有投資價值。

我們必須使用第二層思考，以追求不虧損的動機出發，強迫自己在投資時深入思考風險。一旦你能克服求勝心態導致的「誤判」，不求勝的你反而離贏家更接近。

巴菲特對此也有相近的觀點：「只要避免犯下大錯，投資人需要做對的事就可以非常少。」如同在棒球運動中，當投手投出壞球時，你有選擇不揮棒的權利，保送上壘或許不會讓你得分，卻是累積大局的機會；不揮擊壞球，好球就會不請自來，使每一次的投資都是得點圈的大好攻擊時機。

8 待在「舒適圈」，熟悉度決定你的勝敗

比起知道未來在哪裡，
了解當下在哪裡更簡單也更重要。

股市中有個相當有趣的現象，即散戶在投資過程中常常做出與其現實生活相反的決策，這是導致投資失敗的最根本原因之一。

做自己擅長的事

為了維持生活，人們必須工作，而投資與工作的共同點之一都是為了改善生活，我想沒人會對這個最基本的動機有異議，不然為何要工作或投資呢？理論上，這兩件事情需要付出的努力與思考邏輯應該也會有雷同之處，對吧？但根據我的觀察，實際上完全不是那麼一回事，散戶進入投資市場後就會忘了自己是誰，常常做出超過自己「舒適圈」的決策。

我對「舒適圈」是這麼定義的：在符合自己能力與專長的範圍內執行事務，由於對此範圍的高熟悉度，所以能夠順利且高成功率地完成任務，而且相較於執行不熟悉的事務，會令人感到相對輕鬆愉快。回到工作與投資的議題。在沒有外力的情況下（競爭者或老闆帶來的壓力），我們都會根據自己的專長去求職，並依據自身能力爭取對應的工作內容，這是因為你清楚知道哪裡是自己的「舒適圈」（或稱為「能力範圍」）。一旦超出這個範圍，不僅無法與競爭者抗衡以爭取工作，最慘的時候還會把工作搞砸，導致被解僱的命運。因此，我們都傾向於在舒適圈裡做擅長的事。

看到這裡，你認為自己在投資過程中，是否有秉持待在「舒適圈」的原則呢？

對於投資，你一無所知還是無所不知？

投資市場中的贏家很少，專家卻非常多，一般菜籃族只要財經節目看久了，就會不知不覺踏出自身的舒適圈，對於國際經濟、市場趨勢與公司分析都能侃侃而談，甚至不由自主地認為了解這些媒體訊息後就能掌握投資的方向。人稱悲觀博士的亨利・考夫曼（Henry Kaufman）對此有非常有趣的見解：「虧損的人有兩種，分別是『一無所知』與『無所不知』。」因此，**當散戶開始認為自己對各方面財經訊息都有所涉獵時，那是最危險的，基本上你什麼都知道也什麼都不知道，對投資決策都不是件好事。**

最好的例子就是關於科技股的投資了，散戶們追逐科技股的過程總是讓我看了心驚膽跳，他們看了財經新聞報導最新科技後，接著就會去查相關概念股是哪些公司，然後買進！不要懷疑，整個過程就是這樣草率，不然為什麼台股科技相關族群有這麼多高本益比的公司，包含生物科技、電動車、iPhone X 相關個股都有這樣的現象。

投資人非常容易過度樂觀，而且放大一項產品或科技對公司未來的貢獻。舉例來說，iPhone X的無線充電技術並不是多新穎的技術，如果你平常生活中有關心3C議題，一定很清楚這項技術已經行之有年，一個無線充電器要價也不高昂，投資時卻做出與現實生活觀察背道而馳的決策，相當可惜。

上述章節提到的第二層思考在投資過程必須時時謹記在心，投資人看到科技產品概念股時，至少要問自己三個問題（開始第二層思考）：

一、新科技訂單對於公司的營運貢獻百分比是多少？

二、公司提供的是否為關鍵零組件？

三、當此產品訂單不如預期時，公司基本面是否足以支撐當前股價？

了解自身能力圈內能理解的事

印象很深的是有次在一個講座上分享「生活投資學」後，一位幼稚園老師私下向我請教某檔半導體類股，我非常坦白地跟她說我對此產業毫無研究，但光是看到兩百元以上的股價對應全年不到三元的每股盈餘，就不會想投資了。我問她為何還是想買進？她回答：「老闆在法說會上表示，未來公司營運相當樂觀。」再進一步討論後，我發現她連營收年增率、EPS、半導體產業上下游關係完全一無所知，卻把獲利寄望在她不認識的老闆與產業上，完全是在自身舒適圈外神遊。

因為身為財經作家的緣故，常常會有許多朋友與網友私下報明牌或所謂的內線給我，不外乎也是某公司承接了某國際大廠的訂單。而我的回應始終一致，我完全不投資在我舒適圈內無法理解的企業；在我有限的能力範圍內，根本不知道怎麼評估這些公司的價值。即使這些股票後來真的大漲了（事實上也不少），我完全不感到惋惜，因為我清楚知道夜路走多會遇到鬼，寧願選擇錯失獲利，也不願意踩一次地雷導致有去無回。散戶得避免成為輸家，而不是想辦法成為贏家，千萬別忘了投資的最基本原則。

相反地，**待在「舒適圈」裡，使我們專注的範圍縮小，才有可能運用自身的專業知識、生活經驗與人脈，獲得比別人更多關於個別公司的資訊。**在本篇的開頭就提到，我自己的投資是從不看財經節目後開始獲利的，原理就在於比起了解台灣甚至全球經濟體的情況，運用「生活投資學」顯然更符合舒適圈原則；**投資人該做的是去了解「自己能力圈內能理解的事物」**。上天給予每個人的時間是固定的，因此當你縮小選股範圍時，每一檔投資標的分配到的時間就愈多，了解一檔企業愈深，就愈能做出正確的投資決策。

巴菲特曾多次評論「能力圈」在投資上的重要性，他指出只要投資人清楚自身能力圈的邊界，還是能比那些能力圈範圍大卻不知道自身邊界的人還富有。他更提到，儘管相當崇拜微軟創辦人比爾．蓋茲（Bill Gates），也希望透過投資將崇拜轉化成實際行動，不過他並不曉得未來十年的世界科技走向如何，因此他選擇不玩這場別人才擁有優勢的遊戲。簡短的一段話充分展現股神對「能力圈」的堅持，只打自己擅長的仗就是他成為常勝軍的不二法門。

「舒適圈」投資三大原則

關於巴菲特提出的「能力圈」概念，我認為多加入人性的考量會更完美。

「舒適圈」就是結合了能力範圍與人性的考量，畢竟有能力以及是否感到舒適，常常是兩碼子事。就像擁有博士學歷的我，其實在求學過程的許多階段也是感到相當痛苦，有能力去做不代表能做得開心，雖然俗話說「吃苦當成吃補」，但我認為投資並不適用這樣的道理，原因在於投資的勝敗，常常與擁有評估公司價值的能力無關，反而和情緒比較高度相關；**買賣的策略與持有股票後是否安心，往往才是決勝所在。**

如果投資人持股後每天心驚膽跳，就算對基本面有完整分析，還是會導致錯誤的買賣決策，或是造成持股時有巨大心理壓力的無形成本（影響工作、心情等）。所以投資要待在「舒適圈」，選擇你有能力分析和熟悉度高的企業，更重要的是，選擇適合自己個性且能安心持有的個股，才有辦法同時做到價值投資和長期投資，例如個性積極、喜歡分析的人適合主動投資（股票），而喜愛穩定與專注工作的人，則選擇被動投資會更適合（基金、ＥＴＦ）。

本書提倡的「生活投資學」最大的優點就是符合「舒適圈」的原則，特點如下：

一、**眼見為憑**：由於是因你個人專業或生活體驗所選擇的股票，所以不會輕易受到初一、十五不一樣的媒體報導影響投資決策。

二、**心安理得**：建立在能力範圍與個性適合程度的投資過程，能大大降低持股時的情緒波動，不影響現實生活的投資才是最好的投資。

三、**主場優勢**：高熟悉度、能力範圍及個性的總和，能讓你擁有絕對的投資優勢。

每個人在生活中一定有特別喜愛的產品或企業品牌，意謂著你在投資市場上會比對手擁有更敏銳的判讀力。競爭對手是看新聞報導與表面財報選股，而你是實際體驗公司產品及服務的客戶，你覺得分析師與消費者誰會比較了解公司本身的競爭力呢？在這樣的基礎下，運用「生活選股舒適圈」的投資人就不容易受到媒體消息影響而追高殺低，即使是三大法人，可能也不比你更了解所投資的企業。因此，只要堅守「舒適圈」原則，就能充分展現個人投資者的主場優勢。

9 專注「非效率市場」，找到賺錢冷門股

人棄我取是一門最好的生意，
你用最低的價格買到最高的價值。

不論是巴菲特、霍華・馬克斯或彼得・林區，這幾位大師之所以能成為傳奇，我認為關鍵在於他們都能在「非效率市場」中運籌帷幄、獨占先機。著名的「效率市場假說」（Efficient-market hypothesis）是美國經濟學家尤金・法瑪（Eugene Fama）在一九七〇年代所提出的概念，包括下列三種：

一、**弱式效率**（weak form efficiency）：指出技術分析是無效的，股價已反映來自市場的歷史資訊，因此投資者無法利用歷史資料來預測未來股價走

勢，想藉由技術分析獲得超額利潤只是白忙一場。

二、半強式效率（semi-strong form efficiency）：此指論述基本分析是無效的，有關公司經營的公開資訊會充分反映在股價的變化，所以事後再多的分析也無法獲得超額利潤。

三、強式效率（strong form efficiency）：由於股價已經反映了公開及非公開的所有資訊，包含內線消息也一樣，因此沒有人可以透過交易獲得超額利潤。

這個假說的核心觀點為「沒有人可以長期戰勝市場」，尤金．法瑪認為，市場上所發生的一切訊息都會忠實且有效率地反應在股價上。[3]這也是近幾年ＥＴＦ掀起風潮的最大原因，因為投資人發現大部分的主動型基金績效無法打敗大盤，既然市場這麼充滿效率，投資指數型商品反而是最好的選擇。

投資市場超跌與超漲的主因

CNBC（Consumer News and Business Channel）是美國相當著名的財經電視頻道，節目上會報導許多公司的相關新聞與評論。來自美國亞特蘭大埃默里大學（Emory University）的J.A. Busse與T.C Green兩位教授為了探討「效率市場」是否正確，在CNBC晨間與午間節目中的分析師發表評論後，靈機一動對股價的影響進行統計分析。[4]他們發現，股價在分析師發表看法後的幾秒內就已經開始反應，交易量甚至會在一分鐘之內翻倍。如果對個股的評論是正面，股價在五分鐘內幾乎已充分反應，而且只有在評論發表後十五秒內買進的投資人能得到較顯著的利潤。

我對這個研究也有類似的記憶。記得在使用「生活投資學」這個原則之

---

❸ 參 http://wiki.mbalib.com/zh-tw/。

❹ 參Jeffrey A. Busse, T. Clifton Green. Market efficiency in real time. *Journal of Financial Economics* 65 (2002) 415–437。

前，我和大部分的散戶一樣也喜歡看盤中財經頻道，一旦分析師發表評論，節目跑馬燈的盤中大單就會出現相對應的個股，市場似乎真的就具備及時效率的特質（Market efficiency in real time）。股價與市場資訊的連結如此強烈，是否意謂著技術分析與基本面分析對於追求高報酬率都是徒勞無功？

有趣的是，如果效率市場的假說是百分之百正確，為何巴菲特能夠連續五十二年戰勝大盤，並且達到年化報酬率一九．一％以上的驚人績效呢？[5]顯然這個市場其實不如主張效率市場的人士所想的那麼有效率，原因就出在效率市場假說是建立在市場上所有投資人都相當聰明且非常理性的前提之下。回想一下二〇〇〇年網路科技泡沫、二〇〇八年金融海嘯的股災，起因之一都是來自投資者過度膨脹的自信，認為網路科技勢不可擋、房地產相關的金融商品值得投資……等等原因。

從世界拉回台灣，近幾年台股生物科技類股的不理性投資現象，使得新藥研發尚未成功的公司股價都能站上七百元大關，再再顯示投資人會因為市場趨勢而喪失理性，願意付出高本益比、甚至是本夢比的價格買進價值未明的企業。相對地，由於市場上的資金有限，當有企業被過度高估，就會有被過度忽略的企業，在這個資訊發生不對稱的部分就稱為「非效率市場」。所以，主張效率市場假說者其實嚴重忽略了非理性的力量，也正因為投資人並非總是理性，市場才會產生超漲與超跌的現象。

從非效率市場賺超額報酬

我認同市場多數時間是處於效率市場，不過這個假說至今還是假說，就證明市場上偶爾也會出現效率不彰的狀況，白話一點就是資訊不對稱。

我在研究所學生時期，為了賺取學費與生活費，有一陣子我會利用臉書上學校的買賣社團來販售批發而來的手機配件，透過這樣的方式，我可以讓相同產品的賣價比網拍上多出六〇%，這樣的價差就是藉由「非效率市場特質」產生。網拍上的產品由於搜尋與比價容易（效率市場特性），業者只能透過殺價

❺參巴菲特二〇一八年寫給股東的信，http://www.berkshirehathaway.com/letters/2017ltr.pdf。

競爭來獲得利潤；而我這些客群的最大特質之一就是不使用網拍，因此他們選擇在熟悉的臉書上向我購買，那陣子我就是仰賴這樣的機制提高產品的毛利。這個買賣經驗使我發現了效率市場假說的另一個缺失，就是假設投資者都是透過相同的管道取得資訊。相反地，當我們透過只有自己率先發現或者僅少數人知道的管道來獲取資訊時，獲得超額利潤的機會就大大增加。

如果你完全沒有聽過我接下來引用的大師談話，那就更證明了「非效率市場」的存在。這些大師都是傳奇中的傳奇，報章媒體、網路專欄總是記載他們相關的語錄與報導，但大師們早就提出利用「非效率市場」賺錢的概念。所以當你關注這些大師卻不知道他們曾討論過這個議題，抑或是你解讀資訊錯誤，就再次證明市場不總是充滿效率。

《華盛頓郵報》（*Washington Post*）是巴菲特最成功的投資之一，他在一九七三年以每股不到公司價值四分之一的價格買進，當時市值約千萬美元的投資如今滾成十三億美元，報酬率高達一百多倍。對此，巴菲特曾經表示：「這要感謝主張股票市場具備完全效率的學者，讓對手認為思考無用，認為企業價值的估算與投資無關。」在這個投資個案中，巴菲特同時運用了「安全邊際」與「效率市場假說盲點」這兩個概念，趁著「市場先生」不總是理性所創造的「非效率市場」獲得巨大勝利。

另外，與巴菲特齊名的馬克斯在其著作《投資最重要的事》第二章中，用一整個章節討論了效率市場假說與侷限。這位管理資產超過一千億美元的大師特別提到：「無效率是卓越投資的必要條件。」他還提到自己投資生涯的關鍵轉捩點就在於專注非效率市場，加上運用第二層思考概念尋找被低估的股票，藉此得到豐厚報酬。他的小孩安德魯在每一筆投資之前也是運用同樣原則來檢視，那就是「誰不知道這件事？」而我們從這兩位大師的談話中清楚了解到，**身為主動投資者必須擺脫從眾思考並仰賴非效率市場，才能獲得超額報酬。**

拋開熱門股票，找到人棄我取的契機

為什麼散戶們始終被法人玩弄？就是因為他們在用法人的思維進行股票投資。一旦法人成為對手，如果投資人想藉由落後好幾手的資訊、不對稱的資金來一搏，根本是以卵擊石。**只有透過投資非效率市場特性的股票，把時間花在冷門標的才有機會成功。**

我認為最好的方法就是從個人的生活中去感受，找到自己會消費的公司來研究，當你比任何人都更了解這家公司時，哪有投資失敗的道理？在我個人投資獲利的例子中，像是販售拖把與清潔用品的公司、經營麵粉和工業氣體業務的企業、從事汽車貸款及租賃，都是運用第二層思考找到的冷門股。這些股票的共同特色就是成交量較少、法人持股低，但基本原則是獲利相當良好、公司高層持股比例不低（後面章節會有更具體的說明）。

最後我想用彼得．林區的選股原則，再一次強調非效率市場的觀念有多麼重要。你或許不知道彼得．林區在管理麥哲倫基金的十三年期間，將原本僅兩千萬美元的管理資產成長到一百四十億美元，投資期間的年複合報酬率高達二九．二％，但你一定要知道這位投資大師為何能夠成為投資常勝軍。在我整理歸納後發現，彼得．林區獲利的最大關鍵居然就是高度仰賴非效率市場。他在著作《彼得林區選股戰略》中統整了十三個完美股票的特點，其中將近一半的特點與非效率市場特性高度相關，包括：一、聽起來無聊或可笑；二、從事乏味生意的公司；三、公司經營讓人搖頭的生意；四、法人沒持股、分析師沒追蹤的企業；五、不屬於成長性的產業；六、由於一些因素使股價低迷的公司。[6]所以，**唯有避開熱門股票，找尋處於被忽略產業的好公司，散戶才有可能透過人棄我取的機會，買到價格低於價值的績優股而獲得超額報酬。**

[6] 關於彼得·林區十三個完美股票特點的其他七項如下：被母企業分拆的公司、涉及黑社會或環保議題等謠言紛起的公司、具備利基點、人們會持續購買的商品、使用科技的公司、內部人加碼的股票、實施庫藏股的企業。

10 成為「集中型投資人」，讓投資化繁為簡

凡事應該力求簡單，
但不是變得更簡單。——愛因斯坦

「分散投資」是人人都銘記在心的投資金律，也都明白雞蛋不要放在同一個籃子裡的道理，但實際上，這正是多數散戶投資績效低落的原因。世界上最公平的事，就是每個人一天都只有二十四小時，因此當投資人過於分散投資的同時，將會導致投資組合管理不易。

提升績效，集中投資是關鍵

基金和ETF因為具備分散投資的特性而廣受社會大眾歡迎，因為一般人並不會對投資多加著墨，所以要透過買進一籃子標的來達到分散風險的效果。但是，這裡得告訴你們一個需要思考的觀點，那就是**主動投資者如果盲目地信仰分散投資，那只會降低你的績效，甚至付出的努力還可能無法戰勝被動式投資工具**。相反地，成為「集中型投資人」（focus investor）才是脫穎而出的關鍵。

美國鋼鐵大王安德魯．卡內基（Andrew Carnegie）的觀點是這樣的：「把所有雞蛋放在一個好籃子，然後顧好這個籃子。」我非常喜愛的彼得．林區大師也建議，每個人的持股不應超過五支。那麼巴菲特對分散投資又有什麼看法呢？我很喜歡他的一個非常生動的描述：「如果你的NBA籃球隊上有雷霸龍詹姆士（Lebron James），你不會為了給其他人比賽的空間而把他從比賽中移除。」巴菲特指出，假設投資是屬於你的遊戲，多樣化是不合邏輯的。我自身的投資經驗也有類似的體悟，當手上的持股接近十檔時，績效遠不如投資五檔的表現。

投資後持續追蹤，才能確保獲利

思考自身經驗後，我認為分散型投資對於股票投資人有以下幾點問題：首先，如果使用分散投資策略，何不直接投資成本（研究時間、手續費）更低又具有汰弱留強機制的指數型基金？顯然分散投資與你當初選擇主動投資股票的目的背道而馳（獲得比大盤更好的報酬率）。再者，分散投資會增加你選到不熟悉股票的機率。我說過每個人一天的時間都是二十四小時，假設你對十家公司都有所了解，那麼就該挑出其中五家財務與營運模式較佳的個股集中投資。如果為了分散風險而盲目投資，則風險也不會消失，只是被分散到每一檔持股上，但整體風險並沒有改變。雖然集中投資少數幾家公司看起來很危險，但只要是建立在你已足夠了解的企業營運基礎上，整體風險反而比起為了分散風險而投資還要小。

最後也最容易被忽略的是「投資後管理」的議題。我以前在台灣工業銀行（現為王道銀行）投資部門實習時，部門中除了尋找潛在投資目標的專員，另有負責「投資後管理」的團隊，會定期檢視銀行所投資的企業營運情形。無論是公司的財報表現、智慧財產布局進度、商業合作進展，甚至是經營者的言行舉止，都會一併考量。這意謂著**投資並不是完整分析後就買進這麼簡單，產業界日新月異，公司營運有高有低，投資後持續追蹤才是確保獲利的不二法門**。

所以，比起投資十家好企業，還不如投資五家就好，因為身為一般投資人且有正職的我們，並沒有足夠時間去管理這麼多的持股，疏於管理可能導致若其中幾檔持股發生風險而我們卻沒發現，那就會蒙受損失了。因此，投資大師們為何奉行集中型投資的原因就不言而喻了。

你以為分散風險，其實拖垮了報酬率

我是科學背景的博士，我們就從數學的角度來思考該選擇集中型投資還是分散型投資。先來個大家都能秒懂的簡易版本，假設今天你到澳門賭場試試手氣，前幾注恰好讓你翻倍翻倍再翻倍，試問你會選擇再投注還是見好就收？我不知道聰明的你們會怎麼做，不過就我從小到大的經驗來看，我只聽過先贏後輸、一輸再輸的無數例子，倒沒聽說一贏再贏的賭神奇蹟。原因就出在機率。假設我們從最熟悉的台灣50成分股中選出企業投資，並假設未來二十年這些成分股相較於大盤績效表現好壞各半的情形下（二十五檔能戰勝大盤），你的第一檔持股選中擊敗大盤個股的機率是五〇％〔25÷（25＋25）〕，第二檔選中績優股的機率剩四八．九％〔24÷（24＋25）〕……，第二十五檔時僅剩三％〔1÷（1＋25）〕，到第二十六檔時就開始選中虧損的股票了。

因此，**為了分散風險而盲目分散投資，其實不僅沒有降低整體風險，還因此拖垮報酬率**。而且從這個簡單的機率計算可以發現，每一次換股挑中好股的機率是愈來愈低，除非本身真的有過人的眼光，能夠完全排除壞公司。

排除買進平庸股票，集中買進，長期持有

但可別以為集中型投資人不考慮風險的議題，這種方法只是不透過增加持股企業的數量來分散風險，取而代之的是利用先前所提的「舒適圈」概念在投資前就降低選股風險。成長型投資之父菲利普．費雪（Philip Fisher）是出了名

的嚴格篩股大師，他在《非常潛力股》（*Common Stocks and Uncommon Profits and Other Writings*）一書中列舉挖掘出成長股的關鍵指標，上從管理階層的能力、品性、與員工之間的關係是否良好，下至公司的獲利能力與產業前景等都逐一考量。經由檢視經營階層與財報內容，每一步的檢視都可以篩選掉不良公司來達到降低風險的目的。甚至費雪還會透過所謂的「閒聊法」與公司高層訪談，藉此加強評估公司的深度。但這樣的分析方式其實非常累人，因此他透過只持有少數幾家好公司、不持有一堆平庸公司來減輕投資組合的管理負擔。他不去投資能力範圍以外的企業，甚至核心持股就只有四檔左右。

他在七十九歲接受《富比士》（*Forbes*）採訪[7]時曾表示，他花了五十年時間發現十四檔股票，這些股票至少為他帶來七倍的回報，最高到達數千倍。我從費雪的例子中領悟到，「分散投資」是否變成投資人為自己的懶惰找出路的一種投資方式，身為主動型投資人該做的應該是認真研究、集中買進，然後長

❼ 參 http://rlaexp.com/studio/biz/financial_investing/see/articles/phil-fisher-87.html。

期持有。

核心持股應分散不同產業別

相信你們也有和我一樣的經驗，絕大多數的報酬來自於少數的持股。第一層思考就是買進更多的股票以確保買到大漲的持股，但**專屬贏家的第二層思考應該是想辦法在投資前排除平庸的個股，集中買進績優的核心股**。

現在我的投資組合裡，大約三檔核心持股就占了約七成的投資額度，相較於以前為了分散風險的分散持股組合，這樣的投資組合管理簡單得多。投資是邏輯問題，究竟是管理三至五檔核心持股比較簡單，還是持有二十幾檔個股較好？同樣的時間分配下去，當持股的分母數愈小，每檔能獲得的研究時間就會增加，而一旦了解公司愈深，就愈能降低投資的風險。

此外，核心持股的產業類別應有所不同，以求降低單一產業劇變的風險。別像台灣50的組合一樣，表面上有五十檔股票，但大部分都集中在半導體與金融業，這樣只是把風險分散到同產業的不同公司罷了，但整體風險並未改變。

不要讓你的分散投資變成一種對無知的保護。

巴菲特戰勝大盤關鍵在於「集中投資」

最後請借鏡股神巴菲特，看他的集中投資程度有多高。二〇一七年十二月，美國投資研究公司 Zacks 報導指出，巴菲特投資組合的總市值已達一千五百七十六億美元，而且二〇一七年的整體績效再次戰勝 S&P 500 指數。❽他憑藉的是集中投資五檔股票，分別是可口可樂、蘋果、卡夫亨氏、富國和美國銀行，這五家公司就占了巴菲特投資組合六〇%的持股比重。

從一九六四年接管波克夏以來，巴菲特能長期戰勝大盤的關鍵之一就是集中投資。所以身為主動投資人的我們，該奉行的是嚴格篩選企業後採取「集中投資」，而非選擇心理安全感作用居多的「分散投資」。

---

❽ 參 https://www.zacks.com/stock/news/286297/5-berkshire-stocks-that-made-buffett-beat-the-market-in-2017。

最後，總結一下集中型投資三大金律，嚴守這三大原則，主動投資人也能做好投資：

一、**降低風險：**排除買進平庸的股票，全力找出並集中投資績優的企業。

二、**分散風險：**核心持股應選擇不同產業，分散單一產業衰退的風險。

三、**力求績效：**降低核心持股家數以求管理簡單，用時間換取大獲利。

11 我是「股東」也是「董事」

想知道股票值多少錢，
先搞懂公司值多少錢。

對於「價值投資」與「長期投資」，人人都能琅琅上口，實際上卻知易行難。為什麼呢？關鍵在於散戶們都只是把自己當成「奈米級股東」而非「董事」，以前者為出發點會導致過度在乎蠅頭小利（股票價差），以後者的思維出發卻能掌握大局，擁有第二層思考力。俗話說：「有錢人和你想得不一樣。」因此在你股票獲利當上有錢人之前，你必須換上老闆的腦袋。

「轉換觀念就能轉出財富」，是我非常沉迷理財的重要原因，例如同樣拿出一筆錢投資，「單利」和「複利」就能產生完全不同的報酬。假設投資一百萬到固定年利率五％的產品，在「單利」的情況下，十年後的本利和為一百五十萬元，而以「複利」（利息再投入投資）計算，則十年本利和為一六二・八萬，光是一個觀念的轉換，就可以產生將近十三萬元的利差了。

投資過程要留意董監事的動作

我自己投資股票從輸多勝少到勝多敗少的過程中，最大的觀念轉換就是從「股東」變成「董事」，當我把自己當成董事時，投資股票的思考就能從「戰鬥層級」提高到「戰略層級」。戰略正確，便能承受過程中的小失敗；戰略錯了，再怎麼努力戰鬥也無法扭轉戰局。

試想自己是一家公司的董事，你投資一家公司時會考慮什麼？你關心的是股價的變化，還是公司營運的本質？很顯然地，如果我是認真經營一家公司的董事，在乎的不會是波動的股價，因為那是公司的「市值」而非「價值」。由於認真投入公司經營，所以與自身獲利相關的不會是股價，而是公司盈餘，唯有提高盈餘，才能獲得更多薪水與分紅。從這樣的思考出發，我會傾向於投資

「董監事持股比例」高的企業，而不是整天在媒體發言自家公司股價委屈的個股，因為只有前者才會和我的利益角度一致，後者顯然有非常高的比例是靠「股票」換「鈔票」。

這是很簡單的邏輯，如果董監事持有公司大部分的股份，會不會認真經營公司呢？我想答案是肯定的，唯有增加盈餘，才能拿到更多股利，當然就要努力經營。再來就是「董監事持股比例變化」。假設我們是董事，會在公司前景看好時賣掉股份嗎？要知道，董監事比任何人都要了解公司，他們買賣的抉擇就是對公司未來的投票。

彼得・林區的《彼得林區選股戰略》一書中列出完美股票的十三個特點，其中提到要留意「內部人買進的公司」。當自家人買進自身股票時，有什麼訊息會比這個更實際呢？我印象最深刻的例子莫過於二〇一六年十一月，發現工業用紙大廠「榮成」(1909)的董監事在十月買進三萬張（原持有近二十七萬張），當月的收盤價是十五元，接下來的三個月更持續加碼買進七萬張，這時的當月收盤價已高漲到二十四・六元。到了二〇一七年九月時，榮成的股價已漲超過五十元。在這段期間，榮成的營收年增最高接近六三％，最低也有二○％。從營收的變化來看，顯然內部人早已知道公司即將大成長，否則怎麼會大舉買進呢？即便內部人買進不一定使股票上漲，但至少短期內不會倒閉。所以在投資過程中，我們要留意董監事的立場是否與我們一致，否則得不償失。

買股票等同買公司

「生活投資學」最重要的核心理念就是買股票等同買公司，當你認為自己是買下一家公司，才會用比較長遠的角度來看待公司進展，這對投資決策非常重要。

我長期持股之一的「中興保全」（9917）在二○一六年認列了旗下復興航空倒閉的虧損，當年EPS從中保往年的四．五元左右跌到一．四元的淒慘水準，多數人應該覺得股價完蛋了，不知道會跌到什麼程度？結果呢，股價僅從二○一六年最高點的九十七元跌到八十六元而已，而且二○一七年的EPS逆勢成長超過五元，是十年來最好的成績。

為什麼中保沒有大跌呢？我個人的看法是因為相較於其他飆股，會買中保的都屬於求穩健的長期投資人，追求的是公司長期的股利發放，所以都是以買公司的動機來買中保。當動機由買公司出發時，投資人會選擇把時間花在了解公司上，包含轉投資的部分，因此具備董事思維的投資人看到二〇一六年的虧損反而相當開心，因為過往中保年年都要認列復航的轉投資虧損，復航的倒閉反而是短空長多，股價大跌正反映出此時是長期進場的時間點。

所以選擇個股時，我會觀察成交量（週轉率不要太高）並推斷持股者的心態（賺價差或領股利），希望股東們都是以買公司為出發點而投資，這樣遇到公司危機時，才不至於造成股價波動太大而影響心情。相反地，如果投資人是買「股票」的心態，那麼就連公司正常的營運波動都可能讓他們急於脫手，因為他們在乎的是「股價」，不了解公司真正的「價值」所在，自然無從判斷，容易被股價影響決策。

實踐「價值投資」的關鍵不僅僅是看懂財報，還要把自己當成公司「董事」，思考的角度才能跳脫在乎股價波動的格局來邁向長期投資。

改變觀點，投資視野從「股價」變「價值」

當你認為自己是買下一家公司，購物時的思維就會發生微妙的變化。過往我買進一項產品時，遇到品質發生變化，大不了就改買別家的類似商品，但現在，我會把這些體驗作為投資的思考。而我買進的股票通常是自身常購買商品的母企業，這樣做有什麼好處？首先是肥水不落外人田，君不見統一超商都是賣統一的商品，旗下博客來書店的配送服務也是交給旗下的黑貓宅急便來配合，讓錢留在自己的營運體系中。所以我同時買進公司的股票與商品，一來藉由體驗商品服務來判斷公司競爭力，二來把被賺走的錢貢獻給我持股的公司，將來發放股利時，就能把被賺走的錢賺回來。可以說，舉凡生活中的清潔用品、加油、食品等開銷，很多都是股利幫我付的，然後這些錢改天又會發給我一次，這就像企業集團的思維一樣，讓錢盡量在自己身上流動。當朋友要我推薦商品時，我都會推薦所投資企業的產品，完全視自己為公司的一份子。

回到前面所說的，如果購物時體驗到產品的吸引力大不如前、甚至銷售量開始下滑，這也會成為你判斷買賣時機的依據。所以，買進一家公司就得視自己為經營者，這能協助投資人把現實中的消費體驗與股市投資相結合。

如果你覺得這樣有點太瘋狂，那麼帶你到每年吸引全世界焦點的波克夏股東大會（巴菲特的公司）現場，來研究巴菲特的投資哲學細節。《哈佛商學院最熱門的投資課》的作者中澤之寬就提到，二〇一四年，巴菲特和蒙格在奧哈瑪舉辦的股東會中，時常拿起時思糖果生產的巧克力，一邊回答問題一邊大讚好吃。事實上，時思糖果是巴菲特在一九七二年以兩千五百萬美元收購的企業，目前銷售全球（台灣也買得到）。除此之外，股東會現場的許多商品也都是巴菲特所投資的公司們所生產。就連曾貴為全球首富的股神都不忘宣傳自己投資企業的商品、把自己視為公司老闆，那我們有什麼理由不跟進這種思維呢？巴菲特曾說「買股就是買公司」，從股東會現場看來，這不僅僅是口號，他買進前買進後都徹底貫徹這個概念。

因此要記得，把自己當「董事」而不是「奈米級股東」，投資的視野才能從「股價」躍升到「價值」。

12 看財報，不如先了解產業型態

在茫茫財報海中找珍珠，
不如一開始就選擇擁有很多珍珠的產業。

選對產業，就能提高選中績優股的機率

「財報分析」在投資中絕對不可或缺，不過還記得第二層思考的重要性嗎？我都會建議朋友先看產業類型再研究財報，而不是優先透過財報選股。這是因為財報是過去的結果，不代表未來能夠維持，實際上選對「產業型態」，就能提高你選到財報優良公司的機率。

例如你想找一家「毛利率」高的公司，基本上連財報統計網站都不用打開

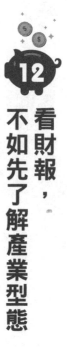

就能選中。這邊的第二層思考是：什麼產品是賣你便宜但你反而不敢買的？舉例來說，假設今天有兩家廠商要賣你「靈芝」保健食品，A公司一瓶一百元，B公司賣一萬元，請問你會買哪家？我猜如果經濟能力許可，大家一定是選擇後者，因為怕前者賣一百元的是假貨，而後者不管是否真的有效，有些人或多或少會腦補這是一個相當厲害的產品，才會賣這麼貴（一分錢，一分貨）。從這個簡單的例子中就能推論，「保健食品概念股」的毛利率想不高也難，想降也降不下來。

實際上也確實如此。台股中的「葡萄王」（1707）多年來的毛利率都維持在八〇%以上，另一家廣為人知的「大江」（8436）也有四〇%的水準。再舉個例子，清潔用品屬於化學製品，成本不會太高，所以生產「去味大師」的「花仙子」（1730）毛利率長年都超過四〇%。相反的例子則是3C產品，相信大家的消費體驗都是筆電、手機愈賣愈便宜，儘管原物料高漲也很難調高產品售價，不難想像國內知名大廠「華碩」（2357）與「宏碁」（2353）的毛利率始終都在一〇%附近徘徊。這就是為什麼我說挑財報不如先挑產業的原因，與其海底撈針，不如直接到金山銀山尋寶來得容易。

從產業型態篩選個股，避免買到地雷股

成熟的投資人除了看EPS、ROE（股東權益報酬率）[9]與毛利率這些常見獲利能力指標外，還會多關注如「應收帳款收現天數」[10]或「存貨週轉天數」[11]等資產負債表的指標，很多公司在一夕之間突然虧損甚至倒閉，就是因為該收的款項拿不回來以及存貨太多導致週轉不靈，諸如此類的財報議題其實都能透過「產業型態」盡量避免風險。

接著，我們來想想有哪些產業能快速收到款項且存貨不會囤積太久。收現金的超商是否就是屬於此類？攤開財報，超商龍頭「統一超」（2912）二〇一七年的應收帳款收現天數與存貨週轉天數分別為七．五九和三一．四一天。相反地，電子科技業代工產品後，大客戶超過三個月才付錢也是常有的事，例如「華碩」（2357）二〇一七年的應收帳款收現天數為一〇四．二九天。另外，產品製造後距離販售成功也會有一段時間，例如「宏碁」（2353）二〇一六年

的存貨週轉天數為六八．二二天。表2為統一超、中保、華碩、宏碁二〇一七年於「應收帳款收現天數」和「存貨週轉天數」的數據。由此看來，先透過產業型態篩選個股是不是比從茫茫財報海中選股要容易得多？

表2　統一超、中保、華碩、宏碁 2017 年數據

	應收帳款收現天數	存貨週轉天數
統一超（2912）	7.59	31.41
中保（9917）	35.89	12.92
華碩（2357）	71.59	82.95
宏碁（2353）	70.19	68.22

資料來源：財報狗

選擇符合投資動機的類股，事半功倍

儘管不同產業的週轉天數本來就會因產業性質差異而無法相提並論，但我還是會根據自身買股的動機挑選適合的產業，

❾ ROE即公司用股東的錢投資所獲得的報酬率，如果ROE愈高，代表公司愈能替股東賺錢。

❿「應收帳款收現天數」是指企業販售商品或服務後向客戶收取款項所需的時間。

⓫「存貨週轉天數」指的是公司消化產品存貨所需的時間。

例如我想買一檔可以穩穩領股利且風險較低的公司，我就會買進國內保全龍頭「中保」（9917），保全業收月租費的商業模式，讓這個產業不至於像某些先天應收帳款較長的產業，可能有客戶積欠了一大筆款項的呆帳風險，再加上保全業幾乎沒有商品存貨問題，就比較不用擔心公司哪天突然需要認列存貨虧損而影響當年度股利發放。

但要叮嚀的是，我並非說財報不重要，財報當然非常重要，只是如果投資前能先考量產業型態，就能解決許多財報上無法回答的問題。比方說，大家都喜歡股利發放穩定的公司，這點就和公司所屬產業高度相關。能穩定發放股利的前提建立在公司長年獲利穩定，企業毋須透過高資本支出來維持獲利，才有充裕現金能發放股利。通常這種公司都是民生消費類（生活投資概念），因為民生需求不受景氣影響，公司提供的產品也不用年年創新，例如食品、保全、天然氣等都屬於此類。以下是篩選公司時對於產業類別的考量方向：

一、高毛利率公司，相信一分錢一分貨的產品（如保健食品、化妝品）。

二、減少鉅額呆帳風險，選擇收費模式為銀貨兩訖或月租費的產業（如電信與天然氣）。

三、避免認列存貨損失，避開容易有存貨問題的類股（如電子代工股）。

四、穩定發放股利，買進民生消費相關的企業（如食品、通路）。

五、資本支出低，勢必是產品不需要年年創新的公司（如保全、清潔用品）。

要記得，「方向比努力重要」，我不會奢望透過生活投資找到幾年內就能大漲幾倍的飆股，因為產業型態就注定了生活概念股的穩定成長性，而非營運快速飆漲；**選擇符合自身投資動機的產業型態類股，才能事半功倍。**

第 4 章

你就是自己的股票分析師

投資獲利的關鍵在於能買進自己當「產業分析師」的公司，

對散戶投資人來說就是選擇「生活概念股」。

每一次的消費體驗都能作為持股的再三評價，

也比較不會因為新聞而影響持股信心。

所以別捨近求遠，好股就在我們身邊。

13 愈無趣的公司，愈能賺錢

民生消費需求是最深的投資護城河，別捨近求遠投資看不懂的產業。

「愈不懂的東西愈想投資」，是股市中最有趣的現象，無數投資人整天著迷於報章雜誌、電視和網路中那些他們霧裡看花的公司，通常是一些某某新穎科技概念股。或許是華人從小受武俠片荼毒太深，潛意識裡總迷信大師級的公司就存在於撲朔迷離的資訊中。

我身旁有超多朋友連股票的EPS都不懂就想投資，問他們為什麼想買某檔個股，很多人的回答都是聽聞公司接到國外大訂單或發明新技術等。但進一步問他們技術的內涵，通常是嘴巴含滷蛋說不出個所以然。反觀巴菲特與彼得・林區之輩的超級大師，皆對科技公司敬而遠之，他們著名的投資案例幾乎都是民生消費類股，即一般人能輕易理解的產業中的好公司。

投資生活類股，真的有錢賺？

生活投資類股真的有辦法賺到錢嗎？這是我每次提倡「生活投資學」必被質疑的問題，而懷疑者的理由不離三點：股價不會動、題材缺乏吸引力、台灣內需市場太小。

生活投資學疑慮一：股價不會動？

首先在「股價不太會動」這個論述上是最好笑的，讓我們看看廣為人知的台灣民生消費股的報酬率如何（參表3）。十檔生活概念公司橫跨食品、居家、通勤與消費，就算是營運內容聽起來會讓人快睡著的瓦斯公司「大台北」（9908）和味精公司「味王」（1203），五年來的累積報酬率都分別有四六和四〇％的報酬率；比較誇張的有生產好神拖的「花仙子」（1730）和雞肉大廠

表 3 生活概念股累積五年報酬率（小數點後無條件捨去）

公司	產品與服務	五年累積報酬率
味王（1203）	味精、醬油、王子麵	40%
卜蜂（1215）	飼料、飼養與加工食品	423%
統一（1216）	各式食品、飲品、原料	79%
大統益（1232）	台灣最大沙拉油廠（美食家）	120%
花仙子（1730）	國內清潔用品大廠（好神拖）	250%
統一超（2912）	國內超商龍頭、宅急便、博客來	93%
中華食（4205）	台灣盒裝豆腐龍頭	142%
寶雅（5904）	美妝百貨大型賣場	194%
大台北（9908）	大台北地區天然氣供應	46%
中保（9917）	台灣保全業龍頭	61%
裕融（9941）	格上租車、裕隆集團車貸提供	114%

本表資料統計至 2018 年 7 月 9 日，對照組為「台灣 50」(0050)，其同期報酬率為 71%。
資料來源：Gogofund.com

「卜蜂」（1215），分別有二五〇與四二三%的累積報酬率。那為何一般人對生活概念股有著股價不會動的印象呢？實際上他們說的股價不會動，指的是股票的「波動」而不是上漲，大部分生活股的股性溫吞，有太多人自以為聰明，想靠股價波動買進賣出，殊不知股價的大變化其實是法人或主力引誘散戶進場的常見招式，勸你「慢慢來比較快」。

生活投資學疑慮二：題材缺乏吸引力

事實上，散戶投資人對於表3中的生活概念股絕對都認識大半，但試問有多少人真的會投資呢？根據我調查的結果發現，大家是因為這類個股沒有「題材吸引力」，因此都興趣缺缺，寧願投資完全沒有概念的 iPhone X 概念股、風力發電股和不知道何年何月才會醱酵的5G概念股。這些題材對散戶投資人來說就像吸食鴉片，試了傷身卻一試再試。

但這種做法非常危險，要提醒的是，**投資千萬不要為了滿足內心期待而去做；投資首重「門當戶對」，要記得自己是散戶，最好投資那些符合自身能力**

圈的產業，才知道該從何分析。題材無趣不代表股價不會上漲，反而因為在無題材可炒作的時機進場，才買得到符合公司「價值」的「價格」，不會像熱門股那樣容易「溢價」。例如「卜蜂」（1215）是飼料與電宰雞肉大廠，比起科技類股，殺雞的真的比較沒有吸引力，但其所屬產業正符合「抗通膨」與消費「持續性」。近年卜蜂在賣場與超市的加工食品大賣，讓二〇一七年的EPS達到五元以上的好成績（二〇一三年不到兩元）。卜蜂加工新食品的熱銷是你我平常就能觀察到的趨勢，所以重點是關注公司成長的動能而非迷信題材。

同樣無聊的題材還有賣沙拉油的「大統益」（1232），雖然餐飲店都是用它出品的「美食家」油品，但投資人就是不感興趣，錯過了擁有五年一二〇%報酬率的機會。其他像是賣拖把的「花仙子」（1730）和「中保」（9917），也都是題材無聊但營運績優的公司，同時股價長期表現呈穩健向上趨勢。

生活投資學疑慮三：台灣內需市場太小

最後，「台灣內需市場太小」這點更可笑了，標準的「第一層思考」。表

3中整理的公司絕大多數都仰賴內需市場，如果內需市場太小這個論點可信，那麼這些公司怎麼會有如此好的表現？看看「中華食」（4205），有多少散戶相信一家賣盒裝豆腐和豆花的內需公司可以累積五年一二三%的報酬率，但公司上漲的確是真材實料，EPS從二〇一三年的一．八六元成長到二〇一七年的三．二八元。關鍵在於要買進「無成長」或「無聊」產業的龍頭，這兩個因素都會減少新進對手的產生。試想在台灣有限的人口數下，能不能養出足以抗衡「統一」（1216）的食品廠？答案顯然是不行。這會導致什麼後果呢？當一個產業被少數公司壟斷，而產品又會隨著「通膨」漲價，伴隨而來的「定價權」就能讓公司維持良好毛利。這些食品類股的獲利持續增長就是最好的寫照，其產品漲價的幅度遠大於人口下降的速度。

總結來說，內需市場太小是假議題，只要買進這些壟斷市場的公司，反而因為免於與對手殺價競爭而能維持良好的「定價權」，更讓這些公司敢於轉嫁營運上漲成本給消費者，以至於物價上漲頻率如此之高。

好股就在我們身邊

避免輸而不先想贏的思維在這議題上非常有幫助。多數人聽到內需股時，通常不會思考此類股的優勢與投資策略，他們直覺的思維僅在於市場太小，要投資外銷型或有至國外營運的公司，卻沒思考這些公司的競爭力到國外是否具有優勢，抑或能否適應當地遊戲規則。回想一下，有多少中國概念股真的賺到錢了？連國內龍頭統一到中國市場經營都如此艱辛，更別提其他小型公司了。

同樣地，國內投資人最愛的電子科技股在大陸慘敗的例子更是不勝枚舉。我知道還是會有這類公司靠外銷賺到錢，但這些產業通常也是散戶無法輕易理解的產業，就算選到好公司，也很容易因為不了解而受消息影響殺進殺出。

投資獲利的關鍵在於買進能夠自己當「產業分析師」的公司，對身為散戶投資人的我們來說，就是選擇「生活概念股」。每次的消費體驗都能作為持股的再三評價，也比較不會因為新聞而影響持股信心。其中民生消費又是各種產業中最不受景氣影響的基本需求，所以別再捨近求遠，好股就在我們身旁。

14 「產業」護城河比「企業」護城河重要

覆巢之下無完卵，先研究產業再選企業。

進行產業分析的第一步，讓我們先從評估「護城河」開始。這是最容易被投資人誤解的觀念，事實上，許多人以為護城河不過只是企業的競爭優勢。然而，分析企業護城河對一般散戶投資人來說相當困難，因為每一個公司的營運利基不盡相同，訴求的市場策略也有所差異。因此我建議先分析產業護城河，特別是生活中能夠理解的產業，再進一步挑選這個行業內的好公司，就會事半功倍。

破解產業護城河的迷思

所謂「產業護城河」，指的就是特定產業享有比其他產業更好的先天條件，例如處於成長趨勢，或是進入產業具有法規門檻。而**公司的護城河通常是在講企業本身的競爭力，以邏輯上來看，防禦性的重點是在產業特性，再來才是公司。**

誤解企業「優勢」為護城河是一件很可怕的事，一旦遇到公司營運下滑，將導致無法在第一時間出清持股而蒙受損失。最容易被誤以為是護城河的莫過於「市占率」。如果一家公司的市場份額大，絕對是值得開心的事，不過這不足以構成護城河。

二十世紀初期，柯達（KODAK）推出了大受歡迎的盒式相機，訴求消費者只要按下快門，其他的事就交給他們。良好的消費者使用體驗讓柯達在一九三〇年就達到七五%的市場占有率，並在一九六三年推出傻瓜相機，七年間熱賣了五千萬台。在我國小的時候（一九九〇年代），柯達的彩色底片和沖印店在全球攻城掠地，想到照片就是柯達，沒有其他廠牌能出其右。

但產業的護城河比公司的市占率更重要，從一九九九年 Nikon 推出兩百七十萬畫素的D1相機，可換鏡頭的設計與快速自動對焦大受市場好評，到了二〇〇二年，卡西歐（CASIO）推出僅〇．四吋厚機身的「卡片數位相機」，輕鬆攜帶且免底片的絕佳拍攝體驗，短短幾年內就宣告柯達王朝即將終結。從我國小到國中不過幾年的時光，柯達從世界領導級相片廠一夕之間失去舞台，二〇〇三年從「道瓊工業指數」中被剔除，隔年虧損一．四二億美元。顯現產業發生巨大變化將導致覆巢之下無完卵，就算是百年龍頭公司也無可倖免。

市場龍頭市占率為什麼會下滑？

一家百年企業居然在幾年之內就失去市場還陷入虧損，這就是為何我說產業護城河遠比企業護城河還重要了，再好的企業競爭力都難敵產業的變遷。

好消息是，消費者比分析師更能感受「產業護城河」的風向。假設持有柯達股票的散戶投資人看到數位相機在賣場出現，親自使用後感覺很好，就能輕鬆聯想到底片機根本毫無招架之力。數位相機更便宜的沖洗照片成本，拍錯了可以隨時刪除重拍，就算不洗照片也能在電腦上觀賞，這些顯而易見的消費體驗都指出當前的市占率會成為過去式。

依循同樣的生活投資原則，二〇〇七年 iPhone 問世，二〇〇八年HTC與三星開始推出 Android 手機，身為消費者的我們一定不會期待高「市占率」的傳統手機龍頭 NOKIA 有所作為。因為實際的體驗與所見所聞，都提前預知智慧型手機開發慢半拍的 NOKIA 即將失去大片江山，傳統手機的產業護城河蕩然無存，公司本身的護城河也就失去意義了。

電信族群是許多散戶投資人熱愛的「定存股」，同樣能透過生活中來分析投資機會。除了本書第五節提到4G上網吃到飽的費率愈來愈便宜，電信公司失去「定價權」以外，固網的「價格戰」競爭更宣告整體毛利下滑。我從使用寬頻網路以來一直是「中華電」（2412）的客戶，近期換成有線頻道業者的系統，原因無他，就是價格戰。原本使用的一百M光世代的網路月租費是九百五十元，而改用有線業者的網路後不僅速度提高至一二〇M，月租費更只要六百九十九元，綁約兩年還送一台價值近萬的夏普（SHARP）四十吋連網電視。儘管中華電信還是市占率最高的廠商，但這不足以構成護城河，生活中的實際體驗讓我直接從產業的宏觀角度去思考中華電是否適合年輕人長期投資。實際的統計數據與生活觀察不謀而合，中華電在二〇〇八年我使用光世代網路時的市占率為八三・八％，而近年來面對有線系統業者的競爭，二〇一七年第四季僅剩七三・七％，九年的時間失去了一〇％的市場占有率。

這個例子更說明了為什麼檢視產業護城河如此重要，消費過程中體驗的產業變化就可能給了可否投資的答案，讓投資人不用陷入公司護城河的迷思。透過這樣的產業分析就算無法得知該買哪間公司，至少能釐清哪類族群不適合長期投資。

影響產業護城河的關鍵因素

那什麼是真正的產業護城河？第三節中提到「抗通膨」和「持續性」兩大要件正是典型的產業護城河，從產品售價會隨通膨上漲的產業與營收高回客率、耗材與保養費有持續性收入的企業中選股，會是較輕鬆明智的策略，**在有護城河的產業裡找到具企業護城河的公司就更有勝算。**

怎樣的產業最賺錢？有句台語諺語說：「第一賣冰，第二做醫生。」這就是詮釋產業護城河的最佳寫照。賣冰會名列第一名源自於「高毛利」，醫生則是「法規限制」。因此，我投資不同的產業個股前都會先比較「毛利率」，雖然教科書上說不同產業的毛利率不能比，但我覺得現實中是可以比較的，不然怎麼你考大學時要比較科系呢？以世俗的眼光來看，好的科系無非是擁有較佳的「毛利率」，比較容易賺錢，才會吸引學生填選志願。而醫學系出路能如此好，原因之一就是「特許經營」與「總量管制」；醫學系不像其他科系那麼氾濫，不是一個說成立就能成立的學系。

醫療行為也受到高度法規的管制，因此在供需的角度下，醫生理所當然擁有較好的薪資待遇。順道一提，這也是為何波蘭醫學院學歷承認與否的議題會讓國內醫學系學生跳腳，因為這個產業的利基之一是建立在總量管制上，當你開放外國學歷醫師考執照，就會影響其他醫生的收入，否則台大醫學系畢業的人為何要抗議波蘭學歷的醫生？

以毛利率的觀念來看，不難理解投資半導體業會比筆電業更容易獲利——國內半導體龍頭「台積電」（2330）的毛利率高達四九．九七％（二〇一七年第四季），而國內筆電大廠「華碩」（2357）的毛利僅為一三．八八％（二〇一七年第四季）。產業護城河的角度也能說明此項差異，台積電代工的是電子產品核心的晶片，而華碩所屬的領域是產品愈賣愈便宜的手機與筆電等。回到生活投資的領域，你在賣場買的好神拖一把要價不菲，所屬公司花仙子的毛利率為四二．八一％（二〇一七年第四季），隨便一項產品售價就上千元的保健食品龍頭葡萄王的毛利率更高達八二．五一％（二〇一七年第四季），所以**先比較不同產業的護城河後再進一步選股，找到賺錢公司的機率就容易多了**。

最後，法規更是影響產業護城河的關鍵因素（下一節將更完整論述），最典型的例子莫過於台股的天然氣族群。天然氣公司在每個縣市是特許經營且只有一家公司，例如台北市的瓦斯供應者為「大台北」（9908），板橋新莊三重地區則是「新海」（9926），也因此讓這兩家公司分別能夠連續二十四與二十六年超穩定發放股利不間斷，因為他們根本毫無對手。

當自己的分析師就是這麼簡單，思考生活體驗便能協助判斷產業護城河。確立欲投資的產業具護城河後，進一步再透過專利數、品牌價值和競爭優勢檢視公司，就能找到兼具產業與企業雙重護城河的績優公司。而上述**高毛利率與有法規保護的產業，就是找到具護城河公司的最直接方向**。

15 找出「交集」，減少風險

風險不會因分散投資而減少，
卻可以靠選股排除。

如果我問散戶投資如何減少「風險」，八九不離十都是「分散投資」。聰明的你看完前一節後，應該會了解這屬於「第一層思考」。那些大眾當下能回答的答案基本上都屬於這一層級，也因此我們看到以第二層思考為主的投資大師，都是以「集中投資」為主要策略，因為分散投資就真的只能分散風險，這個方法能降低的是重壓一檔個股看錯的風險，卻無法降低整體的其他風險，還可能增加了投資組合過多的管理風險。

憑消費習慣選股，會有選錯邊的風險

如果讀者看好特定產業而想進一步投資，如產業整體趨勢向上的電商業，該怎麼選股來降低風險呢？假設有一對夫妻依循著生活投資的邏輯，老公喜歡在 PChome 24h 購物買 3C 產品，那他可能會投資「網家」（8044）；相反地，老婆常在 momo 購物網買化妝品，吵著該投資「富邦媒」（8454）才對。公說公有理，婆說婆有理，這時我如果能提供意見，我會建議取兩家公司的「交集」，因為兩家公司擇一就會有選錯邊的風險。

比較簡單的做法是，在確認這個產業趨勢是明確向上後，就找出產業中最大的交集，而各大網購電商業者的交集即是「物流」。如果問最常見的宅配業者是誰，相信大家都能回答是「黑貓宅急便（統一速達）」，不管是在網路上哪一家電商買東西，幾乎都會委託黑貓宅配送貨，這是不是比電商業者擁有更強的護城河？

數據會說話，二〇〇六年時，網家已開始在電商市場取得先機，隔年推出二十四小時到貨服務，快速攻城掠地。當時富邦媒的 momo 購物網還看不到網家的車尾燈，但如今短短十年間，富邦媒的營收已超越網家，成為台股電商龍頭。所以只憑消費習慣選股，會有選錯邊的風險。

接下來則檢視身為電商交集的黑貓表現（統一超持股七〇％）。二〇〇六年，黑貓全年盈餘不到一千四百萬元，而近十年因電商爆發，帶動盈餘成長三十二倍，二〇一六年獲利繳出了近四億六千萬元的成績單。台股其他業者如大榮，二〇〇六年的EPS僅〇．三八元，二〇一六年已成長到二．七五元。反觀網家近期受到蝦皮購物免運攻勢影響而轉投資的「商店街」（4965）營運，二〇一七年第三季出現首年來首次單次虧損，隨後並跟進運費補貼戰，燒了好幾億台幣。結果，笑得最開心的莫過於持有黑貓宅急便的統一超，電商自殘的價格戰帶動運量上升，而大家喜愛的超商取貨服務也逃不出統一超的手掌心。因此，**投資只要找到產業的「核心交集」，不僅能減少選錯股風險，還能因為鷸蚌相爭而漁翁得利！**

找出產業交集，放膽長期投資

再舉我自己投資過的汽車概念股為例，我的未來岳父是開「裕日車」（2227）販售的 NISSAN（日產）汽車，鄰居是開「中華」（2204）代理的 MITSUBISHI（三菱），我的一個醫師好朋友則是喜歡在格上租車。在「長期投資」的前提下，我不會想存任何品牌車廠的股票，因為有選錯邊的風險。但上述兩大車廠的交集在於汽車貸款，因此我買進「裕融」（9941）。

這兩大廠都是泛「裕隆」（2201）集團旗下的企業，裕融則是集團內的汽車金融公司，提供汽車貸款分期等業務，而格上租車是持股六八%的子公司，想以租代買也跑不出裕融的手掌心。萬一你買的不是泛裕隆集團的車，當有汽車借款或車險需求，依舊有機會貢獻營收給裕融或轉投資的新安東京產險。所以，分散風險一定要買不同公司嗎？我認為買營運具產業交集的企業同樣能達到效果，還更省時省力。格上汽車租賃公司相關資料透過 PChome 股市或三竹股市ＡＰＰ，都能輕易找到。關於裕融企業旗下公司與持股比例，請參表4。

表 4　裕融企業旗下公司與持股比例

裕融轉投資公司	持股比例（%）	營運項目
新鑫公司	100	各式產業設備租賃
TAC Global Investment	100	投資控股公司
格上汽車租賃公司	68.57	長短期汽車租賃
裕富數位資融公司	82.12	各級距機車之貸款
Yulon Finance Overseas Investment	100	投資控股公司
行將企業公司	40	中古車認證與買賣
裕民汽車公司	27	日產汽車銷售保養
新安東京海上產物保險	1.94	產業保險

資料來源：PChome 股市

從上述例子來看，也能解釋「統一超」（2912）為何營運如此強勢，近年來幾乎都能獲利將近一個股本。因為它是食品業的交集，不管消費者愛什麼品牌的飲料和食品，它都有賣。此外，統一超更成為台灣網路購物的巨大交集，超商取貨寄貨和宅配等，電商和消費者本身通通都得繳交服務費。所以，**長期投資時記得把「產業交集性」納入考量，如此一來便能降低在特地產業中選錯股的風險。**

綜合以上範例，會發現做自己的生活產業分析師其實一點都不難，消費者才是最有資格評論公司的專家。

16 運用「消費體驗」掃地雷

真正的利多是你生活體驗說了算，不是分析師決定。

套牢在「利多出盡」是股市中超神奇的現象，因為利多居然會讓投資人買進後立刻套牢，怎麼想都不太對勁。事實上，這些會讓人賠錢的利多消息，可以透過「持續性」的判斷準則來避免，絕大多數的利多都可以憑藉日常「消費經驗」來檢驗。

最經典的利多出盡範例莫過於前股王「宏達電」（2498），股價站上一千三百元大關後，連新光金控都在千元以上的價位買進六千多張。出乎意料地，兩年間的EPS從超優的七十元變成虧損，股價一路往下跌，從四位數變成兩位數，部分法人和散戶都在這場戰役中壯烈犧牲。

買錯時機，只有被套牢

根據本書前面所述的幾大原則，宏達電在營運高峰期就是最危險之時，因為營收缺乏持續性，消費者買進手機後幾乎不再貢獻營收，不像iPhone可以靠軟體和雲端服務繼續營利。再者，宏達電屬於非常熱門的股票，股價早已反映價值，千萬不可在好消息出現時買進這類無盈利連續性和高度市場效率的公司。好消息是，宏達電的HTC手機屬於一般散戶可以理解的範圍，其系統是美國Google的，所以你知道公司賺不到軟體錢，而它的手機價位沒有競爭對手便宜，這也是你可以在生活中發現的風險。

當投資人把生活中的觀察應用在選股上時，分析師再怎麼口沫橫飛，也毫不影響你的投資意願，因為公司的業績是由身為消費者的我們來決定，而不是分析師說了算。

再強調一次，**我們可以充分利用「持續性」的原則來避免套牢「利多出**

盡」。常見的例子有「春節」和「中元節」概念股，此時相關類股如食品族群就會大漲一波；「流感」出現死亡病例時，口罩和清潔用品類股時常亮燈漲停。靜下心思考後會發現，每年都有上述節日，你每年的中元節都買一樣多的祭品拜拜，用小腦想就會發現，所謂「節日概念股」只是個假議題，但每年都有的事為什麼值得當成買進的理由呢？因此，這個旺季僅能以當年度的角度去解讀，屬於一年中的「單次」營運高峰，假設在此時買進，當然就很容易被套牢了。

至於疾病概念股就更誇張了，感冒流行或許會讓你多洗幾次手，但不會因此讓你多洗好幾罐清潔劑。同理，口罩的熱銷只是一種提前消費行為，這和大家因衛生紙漲價傳聞而瘋狂囤貨的道理一樣。此時此刻的股價不但在高檔，營收也不會因此而開啟長遠的成長，因此買進後陣亡的機率高到不能再高。

別忘了，我們都是「生活產業分析師」，千萬不能讓「貪念」影響平常能輕鬆思考的情境，否則得不償失。

卜蜂雞塊為何能愈滾愈多利？

在分析公司上，生活經驗及邏輯帶給我莫大的幫助，更讓我了解到媒體上股市名師的邏輯有多麼薄弱。分析師在報章雜誌上解析的永遠是當下最熱門的議題，而且都是他們自身也無從掌握的「未來式」；詭異的是，「未知」總是對投資人有不可抵抗的魅力，愈看不懂的東西就愈高科技，迷信愈新奇的東西就愈會提高投資報酬率。散戶投資人只願坐著幻想投資標的會自動送上門來，卻不願意思考生活消費中隱含的投資機會。

真正的利多同樣能仰賴生活經驗來判斷，不需要深奧的分析就能輕鬆幫助評估。國內雞肉大廠「卜蜂」（1215）在二〇一六年受惠於「加工食品」布局成功，EPS年增八三％至四・七一元，帶動當年股價從二十三・三元漲到四十四・八五元，還原股利後漲幅一〇〇％。此刻在傳統的認知裡已利多出盡，進場非常危險，但二〇一七年的EPS持續成長到五・三五元，股價站上六十元大關。卜蜂的利多非但沒有出盡且愈滾愈多利，這是因為這段時間卜蜂的加工食品布局一路從超商到好市多，甚至到了各大電商平台上販售。

還記得食品的消費有「口味持續性」的特質嗎？循著這樣的思維，這類公司營運一路攀升的可能性相當高，因為購買行為不像電子產品容易跳槽來跳槽去，飲食是一種習慣，會傾向同一品牌的味道。即使營運成長停滯，至少不會發生大衰退，你不會這個月非常愛吃雞肉、下個月就完全不吃。我們可以利用食品業的特色來確保立於相對安全之處，再利用生活選股的「眼見為憑」，觀察市場上卜蜂的加工食品布局是否有增加的現象。過去這段期間我就觀察到，原本好市多只賣卜蜂的雞塊，接著開始賣清胸肉、椒麻雞排甚至鮮蝦雲吞等（母公司泰國卜蜂為養蝦領導者）。因此，我們不需要等財報出來時才能檢視公司盈餘，因為生活消費習慣與觀察早已給了答案。

從裕融營收解讀產業模式

除了食品業外，汽車業也是散戶能夠輕易分析的例子，只是大家沒有把消費體驗與預知財報結合。假使投資人只關注財報，而未思考過產業模式，那麼報表中的數字終究還是數字罷了，財報只能讓你了解過去但無法判斷未來。

以前一節分析的「裕融」（9941）為例，你是否有辦法判斷裕融這個月營收宣布成長時，下個月甚至是下下下個月還能持續成長嗎？在散戶的印象中，公司的月營收會忽高忽低，有時候在月營收創高時買進，恰巧是營運的反轉之處而套牢（利多出盡）。此時生活消費經驗又出場了。回想一下汽車貸款通常得繳多久？就算不曉得確切期限，至少知道是數年起跳吧？因此以車貸為營運主力的裕融月營收成長時，就代表下個月的營收同樣也會成長。

此外，裕融營運的第二主力「租賃」產業模式也是採取簽約制，一次會租一年甚至更久。所以了解產業收費模式後，當你看到這類公司的營收開始出現成長時，就能預期之後也會持續好的營收表現。假設去年出租一百輛車（每輛車三年合約），所以今年一月是收一百輛車的月租金，而今年繼續簽約了一百量，明年一月就是收兩百輛的租金，非常好理解。即使今年只出租五十輛，但明年一月的月營收是一百五十輛的收入，不會瞬間只剩五十輛車的租金收入，因此投資人比較不會套牢在衰退期。相反地，我們把情境拉到汽車公司的營收公布，如果去年賣出一百輛的銷售新高峰，你根本沒有把握今年是否有可能繼續賣一百輛，這種「無持續營收」的產業模式，很常造成散戶投資人因為看到好營收買進而被套牢。

怎麼買東西，就怎麼付費

透過了解產業模式，非常有利於判斷出場的時間點。以前面提到的食品公司與汽車金融公司的營運模式為例。當你看到食品公司營收下滑時，非常有可能是「持續性」也在衰退。例如競爭對手推出更受大家喜愛的產品，使得消費者變心喜歡吃「大成」（1210）雞塊，那麼你很難期待消費者在短時間內又回歸卜蜂雞塊的陣營，因為飲食有口味的偏愛。而當你看到汽車金融公司的營收開始下滑時，也能憑藉對買車分期付款模式的理解，判斷接下來的營收依舊不會太好看，因為前幾年出貨高峰期賣掉的車即將陸續繳完貸款。

在前述範例中，我將「持續性」指標與「消費經驗」應用在探討口味對食品公司營收的影響，以及汽車金融公司的收費模式和月營收的關聯。你可能訝異產業分析居然這麼簡單，其實只是你一直沒將消費習慣結合到投資上而已，這一點都不難。各位精打細算的讀者都可以是很好的生活產業分析師，你會思考怎麼買東西和付費，把這同樣的邏輯直接套用在投資上就對了。

最後，提出三個情境題幫助大家複習，只要想一想消費模式，相信你的心中就有答案了。

一、營建公司旗下有新建案的款項入帳，季營收創歷史高峰，此時適合買進嗎？

二、電信公司月營收衰退時，下個月營收轉為成長的機率高嗎？

三、肥料公司去年出售多筆土地，今年發放豐厚股利，是否可以存股？

17 聽到危機別急賣股，用生活消費經驗壓壓驚

股市必輸法則：

講一個影，生一個囝。——台灣諺語

「第一層思考」在股市中總讓我覺得好氣又好笑，君不見台灣財經頻道總是搞得和綜藝頻道沒什麼兩樣。什麼狗年股市一定「旺」、端午或中秋就會跟著節氣「變盤」，我實在不知道股市和十二生肖還有節氣的依據是怎麼來的。仔細想想，美國股市也沒這些變因，反而美股走勢才是深深影響台股的關鍵因素，不是嗎？更好笑的是，散戶們似乎也信這一套，不管什麼節日，都會被「當季概念股」唬得一愣一愣。雖然我不會這樣庸人自擾，但隨著我在網路上

愈來愈知名，也開始深受其害。

道聽塗說，不如相信自己的消費經驗

有次在臉書粉絲專頁分享了新購入的 Gogoro 電動摩托車後，由於我曾經分析過加油站類股「山隆」（2616）的營運，就有網友非常擔心電動車是否會影響加油站的營運，於是詢問是否可以買進或賣出等相關問題。另一個更經典的例子是我常在網路上分享飼料大廠「卜蜂」（1215）的發展，你猜十個有顧慮的網友當中，有幾個會問我關於「禽流感」的擔憂？答案是十個！全部都怕禽流感。我敢說，全台灣散戶最有危機共識的股票中一定有卜蜂，對這個議題的看法可說是不分藍綠，有志一同。諸如此類的範例不勝枚舉，但實際上，這些煩惱都可靠一個超強分析師來解答，那就是自己的「生活消費經驗」。

卜蜂雞塊為何能不受禽流感影響？

自身的生活經驗是最真實、最不會欺騙自己的，所以這是檢視所有擔憂的首要步驟。因此當聽到禽流感時，我們以過去的經驗就能輕易發現這通常是「一次性」的危機，而不是「連續性」的災難。禽流感是因候鳥帶來的變異病毒所引起，一般來說好幾年才會有大疫情爆發，導致雞隻被撲殺，使相關業者蒙受損失。這時，市場上最受推崇的「價值投資」就派上用場了。由於造成公司營運或股價下跌的是一次性危機，也正是逢低布局的好機會，不是嗎？

接下來使用「第二層思考」來探討卜蜂遭受的衝擊有多大。先跟各位說，其實卜蜂是禽流感的「受益者」而非「受害者」。這絕不是開玩笑，我們從公司的「基本資料」就能發現端倪。

二〇一七年，卜蜂的營收比重當中有四五．三八％來自飼料與加工性熟料，是台灣前三大飼料廠，大家印象中的生鮮肉品反而不是最大宗的營收來源（占三八．〇三％）。禽流感導致雞隻死亡並不會改變人們喜食雞肉的習慣，因此撲殺後重養小雞就會產生對飼料的需求，而卜蜂正是賣飼料的公司。讀者如果有上菜市場的習慣，應該有印象以前是可以在現場殺雞的，但農委會因應禽流感的散布，從二〇一三年五月十七日起全面禁止市場宰殺活禽。這項政策對於現代化肉品業者無疑是大利多，因為增加了電宰業者的營運動能，而全亞洲最大的電宰場就位於南投，老闆叫「卜蜂」。

這類產業危機反而是現代化業者的契機，造成大者恆大。例如卜蜂除了有電宰場，也逐步將「開放式」養殖環境轉型為「封閉式」，以減少受到病毒感染的風險，更將種雞、成雞飼育及屠宰規畫在不同的廠區，減少交叉感染的機會。相較之下，資本小的雞肉業者並無足夠資源進行這樣廠區的設置，當危機來了就有經營上的風險。特別要說明的是，這些分析一點也不難，你只需要買過雞肉、搭配 YouTube 看法說會錄影及 Yahoo 股市搜尋「卜蜂」，這些資料完全不是祕密。

電動車盛行，真能撼動加油站市場？

至於一開始提到的電動車對山隆加油站的影響，你同樣可以利用「生活體驗」與任何股市網頁得到足夠的判斷資訊。

首先，思考一下汽車還是摩托車的耗油量大？顯然前者大出許多，因此

Gogoro 機車還不足以顯著影響加油站的銷售。進一步上網 Google 一下機車市占率，即可發現 Gogoro 新車銷售市占率僅個位數，因此大膽假設它變成新車銷售一〇〇%市占的情況下，其實也不會讓加油站沒生意可做。根據二〇一六年主計處資料顯示，台灣有一千三百六十六萬輛機車，也就是說，即使市面上都不賣油車，還是有這麼多車要加油。更別提在「電動機車」還沒普及的情況下，單價高出十幾倍的「電動汽車」又需要多少時間才會普及？同樣地，即使新汽車都是電動車，台灣尚有七百七十五萬輛汽車需要加油。

綜合以上資訊，我個人認為電動車一定會影響加油站，只是這個影響需要很長的「時間」，假設要全面淘汰新舊油車需要三十年，以目前投資人偏愛在五%殖利率[12]以上存股，不到二十年的持股成本就歸零了。所以看到電動機車就急著轉換持股，是不是有點太早了呢？

⓬「殖利率」是衡量存股報酬的重要指標。要注意的是，如果公司的每股盈餘衰退，殖利率再高也得三思而後行。

最後再看一下「營收來源」。山隆由於因應母公司造紙大廠正隆的卡車運輸需求而成立，因此主要營收為柴油（二〇一七年占六五．四九%），看到這裡是不是真的覺得投資人太杞人憂天了，儘管TESLA已推出電動卡車，但卡車變成全面電動化又需要多少「時間」呢？

即使聽到危機也不要過度擔憂

這兩大類股都是最貼切我們散戶的產業，你每天都在吃雞肉也每天都要通勤，因此你本人就是最好的產業分析師，聽到任何危機不需要過度擔憂。**透過「日常生活經驗」和「公司基本資料」，配合「未來消費想像」，就能化解大部分的股市從眾憂鬱症**。即使一定會產生影響，在考量需要多少「時間」才會發生後，相信心中就有一把理性的尺來取捨買賣了。

「講一個影，生一個囝」是散戶追高殺低的主要原因，從現在開始，用生活產業分析師的格局來判斷任何資訊，開啟逆轉勝吧！

第三部

從財務數字解讀生活投資股

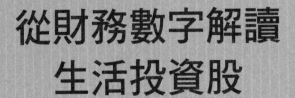

第 5 章

買賣時機這樣抓

績優投資人與平凡投資人的差異不在於前者贏得多，

關鍵點在於輸得少且輸得淺。

利用三率（毛利率、營業利益率、稅前淨利率）輔助檢驗公司體質，

一定能挖出別人沒注意到的好公司。

18 營收大增，別急著買進

利潤比率的品質，
比營收好的表象重要。

在股票市場十年來，最常看見的買進迷思就是「只看營收就進場」。散戶投資人往往見到公司營收高漲就急於買進，但進場後才發現ＥＰＳ和營收不一定成正比，導致套牢。所幸，生活投資是一種結合消費經驗與股票投資的學派，我們可以透過日常生活產業分析來判斷公司營收是否具備產生盈餘的能力，比方說公司營收是不是靠「補貼戰」衝出來的業績，在高昂廣告行銷費用下就會吃掉盈餘的一大部分。

不過問題來了，日常消費經驗儘管可以幫忙我們分析生活類股，但總有疏漏之處。為了解決這個盲點，我會用三率（毛利率、營業利益率與稅前淨利率）來輔助檢視營收的品質，找出細節裡的魔鬼。

三率其實不難，但投資前真的有關注的人寥寥無幾。現在請給我幾分鐘，我用生活中能感受到營運模式的公司，幫助你快速理解與活用。

用「毛利率」衡量生意好不好賺

俗話說：「第一賣冰，第二當醫生。」冰品好不好賺？當然好賺，冰的原料是水加上糖，頂多放點水果或甜點，原料的成本極低，所以賣冰被認為第一好賺即是源自「高毛利率」。準確一點描述，「毛利率」就是產品或服務售價扣掉直接成本的利潤，製造產品的原料和服務的基本開銷即是直接成本。

毛利率（%）＝（營業收入－銷貨成本）÷營業收入×100

毛利率是相當好的買進評估指標，選擇毛利率高的公司就相對容易賺到

錢。從實際例子來瞧瞧毛利率多準確。

台灣兩大晶圓廠「台積電」（2330）與「聯電」（2303）的長年毛利率分別約在五〇與二〇%左右，這意謂著同樣賺進一百元，分別能獲得五十與二十元的盈利。根據毛利率公式，我們能簡單得出台積電具有成本較低的優勢，與分析師說台積電的「晶圓良率」較高不謀而合——台積電能比聯電在同一塊晶圓上切出更多可用的晶片，因此毛利率較高。所以只要關注毛利率，即使不知道台積電是晶圓龍頭，而且它的EPS是聯電的十六．七倍（二〇一七年）都沒關係，雙方毛利率的差異足以讓你優先選擇台積電作為投資的評估標的。

我是一個非常喜歡網購的人，一年內在電商下單超過五十次是家常便飯，而台灣電商雙雄「網家」（8044）與「富邦媒」（8454）儘管賺走了我很多錢，且營收近年持續創下新高，卻無法引起我的投資慾望，原因在於營收好，但毛利率持續下降。**如果只看營收創新高就買進，是非常容易被套牢的**。

首先是在生活產業分析的部分，網路購物時，大家會以價錢還是網購平台為優先考量呢？多數人應該和我一樣，一定都是誰便宜就買誰，除非價格差距不大，才會在自己習慣的平台購買商品，因為產品在哪家買都是一樣，電商為了搶生意的唯一做法就是「殺價競爭」。所以不難理解，電商雙雄的毛利率走勢是需要關注的魔鬼，網家與富邦媒的毛利率從二〇一四年開始持續下滑，分別從一七・四一％與一三・八三％衰退到二〇一七年的一五・〇九％與一〇・九七％，顯示錢愈來愈難賺。以經營 momo 購物網的「富邦媒」（8454）來說，二〇一七年一整年創下歷史新高的三百三十二億元營收，是年增一八・四％的好表現，不過如果只看營收新高就買進的人恐怕會因此套牢。該年度最高股價為二三一・五元，結果年底收盤價僅二一七・五元，問題就出在毛利率衰退，導致ＥＰＳ僅年增七・三％，遠低於營收增長幅度。

總結來說，只看營收增加而沒注意到毛利率變化是相當危險的，容易被企業的促銷行為或薄利多銷的趨勢誤導，造成評估時過度樂觀。所幸生活投資類股都是生活中能理解的產業，當你等到雙十一購物節大特價才購買商品時，這不過是「延遲消費」的行為，就像百貨公司的周年慶一樣。當這類「薄利多銷」的公司未來營收成長幅度不如預期時，盈餘衰退將會非常快速。因此，記得要留意營收高的公司毛利率是否有衰退現象，才不會買在股價高點。

「營業利益率」是企業管銷能力的照妖鏡

所謂「營業利益率」，就是將毛利扣除販售物品過程中的間接成本之概念，包含人事、廣告與水電瓦斯等費用。從以上定義可以清楚了解到，這個指標可以觀察到公司的管銷能力，假設營業利益率低，代表可能是公司人事成本過高或行銷費用太高等。

營業利益率（%）＝（營業收入－銷貨成本－營業費用）÷營業收入×100

延續前面電商的消費經驗，殺價競爭的商業模式會嚴重影響長期產業的毛利率走勢。此外，近年來由蝦皮拍賣帶起的免運費補貼戰愈演愈烈，網家旗下的「商店街」（4965）在二〇一七年也宣布跟進超商取貨免運的決定，作為消費者勢必非常開心，不過身為投資人就得多留心了。

網家受惠於 PChome 購物營運蒸蒸日上，二〇一七年全年營收年增一四．七％，創下兩百九十四億元的歷史新高。聰明的讀者勢必想到了前面說的電商毛利率下降問題，但網家更嚴重的問題其實是營業利益率急遽衰退，因為與蝦皮打免運流血戰的商店街正是網家持股三七．五七％的子公司。免運的衝擊在營業利益率上一覽無遺，網家在補貼戰前四年的營業利益率在四．〇七至四．六％之間，也就是每百元的營收扣掉產品的直接成本與人事行銷等間接成本後能賺四元多，由此可知，電商其實不是很好賺的產業，主要策略還是以量取勝、薄利多銷。

在這樣低營業利益率的背景下，商店街的個人賣家每出售一件商品的免運補貼都是極大負擔，導致推銷費用年增五七％，暴增到四十億元的驚人金額，營業利益率則是讓人不敢相信的負〇．七一％。最終導致網家的EPS年減九五％，從二〇一六年的六．九四元大幅衰退至二〇一七年的〇．三一元，當年股價從將近三百元一路腰斬到百元出頭，不少散戶投資人的血汗錢就這樣蒸發了大半。

假設投資人只看網家的營收，根本不會料到EPS會衰退得如此嚴重，加上由於營收相當漂亮，二〇一七年雙十一購物節甚至衝出月營收年增四三．五八%的超績優表現，使不少持股者抱著盈餘不會太差的心態繼續持股，結果陷入更深的套牢。實際上，只要持股者留意營業利益率的變化，或者從生活中思考補貼戰的影響，就不會吃下美好營收的毒蘋果。**未來進場前別忘了關注營業利益率，如果發現有衰退跡象就要找出原因，避免誤踩「金玉其外，敗絮其中」的地雷。**

從「稅前淨利率」檢視企業業外收入是否良好

有了營業毛利率和利益率的觀念後，相信你看到營收高漲時，就會更加考慮個股是否處於殺價競爭或行銷費用補貼等面向。前面所提的兩個利潤比率都是「本業」，接下來更進階的觀念是檢視「業外」損益狀況[13]，避免買到本業良好但受業外虧損影響的公司。

「稅前淨利率」就是一個能衡量業外損益的指標。稅前淨利指的是業內加業外的總淨利，所以透過這個指標，我們就能一秒判斷公司業外的盈虧狀況。當稅前淨利率大於營業利益率時就是業外有收入，可能是匯兌利益、業外轉投資公司的收入、出售金融或土地資產等。反之，當稅前淨利率小於營業利益率時，即代表公司業外有虧損，投資者此時要進一步檢視財報、找出原因。

稅前淨利率（%）＝（營業利益＋業外損益）÷營收×100

國內保全龍頭「中保」（9917）旗下不僅經營保全業務，還有運鈔、停車管理、AED（傻瓜電擊器）等廣泛業務。從其經營項目的多樣性便可知道，中保是一家喜歡轉投資的公司，像這種公司要特別留意稅前淨利率的變化，是

⓭ 公司的「業外」就是指轉投資和資產處分的部分，而「業外損益」可透過稅前淨利率與營業利益率的差值來判斷。如果要進一步了解損益細節，可參閱「公開資訊觀測站」各公司的財務報表。

否有低於營業利益率或呈現下滑的走勢，否則改天財報公布，才發現業外虧損得不償失。

中保於二〇一六年創下營收一百三十八億元的新高紀錄，聰明的讀者應該知道劇情走向了，營收大增可別急著買進，因為當年中保就從九十七元一路跌到八六．二元，跌幅高達一一%。

以生活產業分析師的角度切入，能從新聞或財報裡發現中保有投資關係企業復興航空，此時可先問問自己一年搭幾次復航，就知道這樁轉投資是金雞母還是拖油瓶。當年復興航空宣布倒閉，中保認列五．二億元新台幣損失，拖累EPS從往年四．五元以上衰退到一．四元，假設投資人是二〇一六年看到中保營收成長才買進，應該都直接住進總統級套房了。實際上，在中保認列轉投資虧損這件事，如果觀察到中保在二〇一六年每一季的稅前淨利率皆小於營業利益率（往年為大於），即使不知情復航的嚴重虧損，也不會因為營收增長而做出誤判的買進策略了。

績優投資者與平凡投資人的差異不在於前者贏得多，關鍵在於輸得少且輸得淺。如果看營收沒有第二層思考，只觀察表面成長而忽略「三率」走下坡即買進，那麼你原本認為的價值投資就會變成折價投資了。

趕快翻開下一節，我們要利用三率找出營收下滑但盈餘成長的「人棄我取股」。

19 營收衰退，別急著賣出

普通投資人看到表面衰退，成功投資者發掘內在價值。

利潤三金「率」真的非常好用，除了避免買到金玉其外、敗絮其中的營收好棒棒股以外，逆向使用也能找出營收衰退但EPS成長的股票。這種投資策略最好的地方在於買進價格容易低於其價值，因為很少人會對營收衰退的公司多加關心。

提升「毛利率」，不盲目追求營收成長

我認為，公司如果只追求營收成長不見得是件好事，特別是對一些民生必

需股而言。在產業穩定的背景下，與其追求擴大營收、投入報酬率不一定高且陌生的新業務，不如改善產品組合和降低生產成本來提升「毛利率」。

「味王」（1203）旗下的味精與王子麵都是台灣人耳熟能詳的產品，同時也被許多投資人認為是一家不會進步的公司，以前總是第一層思考的我曾這麼認為。味王在近兩年（二〇一七、一八）的營收分別年減八・五八％及二％，但由於毛利率從二〇一一年的一六・三一％起年年成長，二〇一七年時已是幾乎倍增的三〇・七九％。所以二〇一七、一八這兩年在營收衰退下，依舊繳出EPS一・七八與一・八六元的成績，而二〇一五年僅為一・一二元（這年有認列罰款，但如果沒有認列這筆損失，EPS也較二〇一六年低）。

味王的毛利率改善即是來自泰國味王的設備汰舊換新。毛利率增長比營收增長更重要，所以即使二〇一七年的全年營收六十二億元比二〇一四年的六十三億元低，但由於毛利率已從二〇一四年的二二・六七％增長到二〇一七年的三〇・七九％，帶動EPS逆勢從二〇一四年的一・一二元成長六六％到二〇一七年的一・八六元。

有了泰國廠的經驗，味王已規畫更換台灣使用數十年的泡麵與醬油產線，希望進一步降低成本、提升毛利率。從味王這個範例讓我們清楚知道毛利率有多麼重要，盈餘的成長不一定得靠營收增加來達成，而且營收的成長總是有限。在民生必需股市場穩定的狀況下，像味王的做法就是非常聰明的策略。

好笑的是，大部分的投資人似乎看到味精事業就先否定這家公司，甚至連王子麵都不知道是味王所生產。或許是這個原因，味王二〇一七年的股價最高點二十六元還比二〇一四年的二十六．三元低！如果以價值投資的角度切入，只要本益比在合理範圍內，一家公司的EPS大幅成長但股價沒有變化，不就是最好的投資時機？不過千萬別以為我是叫你買味王，而是跟你示範如何光靠「營收衰退但毛利率提高」就能找到被低估的股票；記得最重要的是投資邏輯，而非我所舉例的公司。

觀察「營業利益率」，找出管銷優良的公司

營收衰退時，不能只記得關注毛利率，有些公司會藉由降低營業與銷售成

本（例如廣告和改變配合的通路商）來改善「營業利益率」。因此看到營收差不見得是壞事，這只是公司銷售策略的戰略考量。

有次看到某股友提到清潔用品大廠「花仙子」（1730）的隱憂是營收下滑且毛利率衰退，聽完後當場笑了出來，因為這位前輩似乎不懂得營業利益率，非常令人驚訝。二〇一七年第一季，花仙子營收年衰退六・二六％，毛利率也從二〇一六年同期的四六・五二％下滑至四五・八八％，不僅營收衰退，毛利率也下降，所以這位前輩覺得此時不是好買點。但他忽略了一件事，花仙子的單季營業利益率從一〇・三％大增至一一・九九％，要提醒這不是數字上增加了一・六九％，而是營業利益率提高了一六・四％〔（11.99÷10.3）×100＝116.4％〕；說白話一點，就是同樣一百元的營收，能比過去同期多出一六・四％的利潤，相較之下，營收及毛利率的小幅衰退也就微不足道了，最終，二〇一七年第一季EPS繳出了年增一三・四％的好表現。假設只看到營收衰退就沒有繼續追蹤個股，將會錯失很多投資良機。

探究原因發現是因為花仙子通路策略的改變，將銷售重心從利潤低的大賣場轉向利潤較好的全聯與「寶雅」（1730）等通路。二〇一七第一季的費用率為三三．八九%，比二〇一六年同期的三六．二二%還低，顯示在廣告與銷售費用上也管理得宜，因而能改善營業利益率。

以年來看的話就更明顯了。二〇一三年，花仙子的營業利益率為六．八三%，但到了二〇一七年時已提高為一〇．一二%，等於四年間的營業利益率大幅提升了四八．一%，因此千萬別以為營業利益率只是提升三．二九%而已。如果你只懂毛利率，就會忽略二〇一三到一七年的營業利益率大幅成長了四八．一%〔（10.12÷6.83）×100＝148.1%〕，意謂著在同樣營收下能增加四八%以上的利潤，可以說，公司的管銷能力突飛猛進。

從「稅前淨利率」尋找有偷養金雞母的公司

我覺得最經典的股票，就是營業毛利率、利益率和營收皆下滑，卻繳出成長性EPS的公司。這類公司通常有偷養金雞母，我們可以靠「稅前淨利率」找到他們。更棒的是，由於其他兩率與營收都不好看，超容易就能撿到價格遠

低於價值的公司

如果聊到台灣國產車品牌，你會想到哪個車廠呢？我詢問身邊朋友，答案不出「和泰車」（2207）代理的TOYOTA或「裕日車」（2227）的NISSAN，很少人提及「中華」（2204），原因可能是其代理的MITSUBISHI品牌形象與知名度遜於前兩者。再者，儘管中華旗下的藍色匯豐貨車在路口滿街跑，但一般來說吸引不了投資人的目光。最後，攤開近一年的財報，全年營收是負四．一三％的退步成績，營業毛利率與利益率也分別從二〇一六年的一七．六六％及六．三八％下滑到二〇一七年的一六．七六％與六．二六％，從生活觀察到財報分析，造就無人討論中華車的現象。

有趣的是，貌似很慘的二〇一七年卻繳出了EPS三．〇一元的優異成績，年增率高達二八．六％。仔細探討它的稅前淨利率，發現從二〇一六年的十．〇五成長到二〇一七年的一二．五三％，我要再強調一次，這可不是二．四七％的差距，而是增長二四．六七％的卓越表現〔（12.53÷10.05）×100＝124.67％〕。由於稅前淨利率一二．五三％是營業利益率的一倍，顯示公司的業外淨利大大影響了最終獲利，由此可知，投資這種公司，觀察業外是非常重要的。

仔細查看財報後，終於找到金山銀山所在。例如持股四三％左右的「江申」（1525），其營運主力為各式汽車車架與鈑金，一年就貢獻中華車近兩億四千萬台幣的獲利。此外，中華持有大陸東南汽車二五％的股票，在中國銷售東南品牌的汽車，貢獻了一億三千六百多萬元的盈餘。最特別的是，大家都不曉得中華其實是賓士（Benz）概念股，握有福建賓馳一六・二三％的股份。受惠於賓士品牌乘用車與商用車的熱賣，中華車全年認列了高達近四億八千萬台幣的利益。轉投資的廣州恩梯恩有限公司更是TESLA的供應鏈，也從這家公司認列三億七千萬元台幣的獲利。看到這裡，是不是和你原本對中華車的印象差距頗大？原來我們心中的頂級品牌車廠，中華都能分一杯羹呢！

有趣的是，別說看財報了，光看到營收、毛利率和營業利益率衰退，大家就轉台去找別的股票了。二〇一七年初，中華車的股價是二十六塊多，年底收盤還是二十六，本益比不到十倍，遠低於每股淨值[14]三十八・一六元，卻有可能是價值投資的好機會。

善用「三率」挖到別人沒注意到的好股

人人都會說「價值投資」，卻少有人系統化地整理進場的方法。本節的「營收衰退，三率成長股」是非常好的價值投資策略，因為外表不光鮮亮麗、無人關注，造就股價不會超過其價值。更棒的是，如同台灣諺語「黑矸仔裝豆油，看不出來」，可以因此買到裡子實在的績優股，靜待市場給予合理股價，享受豐厚的報酬。

希望本節的例子能對你有所啟發，或許裡面的「明牌」無法複製，但「邏輯」絕對可以反覆推演。下次看到營收衰退股時，別忘了用生活產業分析評估，並且留意黃金三率是否成長，如此一定能挖掘出別人沒注意到的好公司。

⓮「每股淨值」是評估股票價值的指標，顧名思義，「淨值」就是公司清算債務並變賣資產後平均每股的剩餘價值。

20 利用「催化劑」逆向價值投資

利用關鍵因子縮減獲利等待時間，便能大提升單位時間內報酬率。

很多人出社會在職場難尋另一半，便靠媒合在適婚年齡完婚；準備考公務員之路很漫長，於是到補習班衝刺，希望能透過吸收補習班整理的重點，早日金榜題名。這一切都是為了縮短達成目標的時間。雖然達到目標的你本質不差，但就是需要透過媒婆與補習班這兩個典型的「催化劑」來縮短等待醞酵的時間。投資也是同樣的道理，如果找到關鍵催化劑時再進場，便能用同樣的持股時間享受較高的報酬率。

掌握投資催化劑，避開從眾買股行為

長期投資說起來很簡單，但常常買進股票後等了幾個月甚至幾年，因「股價」沒反應，便開始自我懷疑原本看好的理由，最後受不了心魔折磨而選擇賣出。更慘的是，不賣還好，一賣就漲了上去，反指標功力不輸家喻戶曉的谷大師⓯。如果你也有過這樣慘痛的經歷，原因即是忽略股價需要催化劑。

「有啊，我是因為看到公司的新藥通過臨床試驗一期測試後才買進股票，為什麼還是套牢了？」典型的散戶如此說。臨床一期測試結果充其量只是個好消息，還不足以構成「催化劑」，因為臨床一期後尚有二期、三期試驗，全部成功後還要等待各國政府發放「藥證」，接著生產與布局通路才開始有營收。講完這一串，你應該秒懂為何臨床一期的結果根本不夠格成為催化劑了，因為你看到的消息和期待的新藥營收還差了十年。而這就是主力法人們的催化劑，

⓯谷大師指的是花旗環球證券台股研究部主管谷月涵，長年提出看法後通常與後勢相反，因此聞名。

加速他們把股票高價賣給散戶的好消息。所以，**掌握催化劑不僅能幫你減少等待股價反應基本面的時間，還能避開看到影子就開槍的從眾買股行為。**

此外，提倡低點出清時撿便宜的價值投資法在目前網路資訊發達下，要等到一家公司基本面不變但股票大跌的機率真的非常難，除非遇到像二〇一四年地溝油事件，當時「大統益」（1232）因為和黑心油商大統長基公司有同樣的名稱，遭到市場錯殺而大跌，否則現在好股的股價只要跌到合理價以下一些，就會被一堆選股程式篩選出來，很難做到傳統的價值投資。

逆向價值投資法則

「催化劑投資法」是我常用來執行「逆向價值投資」的不二金律，利用催化劑找出將成長或已成長但被市場低估的公司，買進後享受股價和股息反映在基本面的利多，便可股利、價差兩頭賺。傳統價值投資是買當下「股價」低於當下「價值」的股票，我獨創的逆向價值投資則買未來「價值」高於現在「價格」的好股，與傳統價值投資的核心觀念同樣注重價值，但執行方向相反。

催化劑一：財報公布後的盈餘慣性

「慣性」是物理上描述物體加速後會保有其運動狀態的傾向。比方說，有些幼稚的男生載女生時會故意緊急煞車，就是為了利用慣性讓兩人的距離更近（這是為了讓你秒懂才如此譬喻）。盈餘慣性是最簡單的「催化劑」，這幾乎是人人都能學會的送分題，指的是盈餘好消息公布後，股價有一段時間沒有反應，讓平常上班忙碌的讀者能把握機會買進，然後靜待市場給予股票合理價。

假如你有仔細看這本書，此時應該要質疑我：「前面章節不是說分析師公布好消息後，只有在十五秒內買進的投資人有顯著報酬率？」是的，我確實這麼說過，所以我們要找出「非效率市場」的股票，才能利用盈餘慣性這個催化劑，不然別說是公布消息多久後買進才能賺到錢，應該是消息公布前就有一堆主力和法人提前布局了，因為效率市場股票如「台積電」（2330）和「鴻海」（2317）等熱門股，都是有一群專業法人長期研究追蹤的公司，幾乎不可能有盈餘慣性的機會讓散戶入場。你應該有印象，這類大公司只要有好消息釋出，隔天開盤基本上股價就反映完畢了，這也是為什麼追逐熱門股的人容易套牢的原因，他們買的「價格」都已經反映了「價值」。更常見的情況是有太多人想買進，造成股價過熱而更容易套牢。

事實上，這種機會還真的有。二〇一七年五月二日，富聯網報導雞肉大廠「卜蜂」（1215）二〇一七年第一季的EPS為一．五三元，年增率高達六〇．九二％。對比二〇一六年全年EPS僅為四．七一元，等於此時只用了去年四分之一的時間就達到三二．四八％的盈餘，是相當大的成長幅度。再加上所屬產業具有「持續性」銷售的特質，只要二〇一七年的肉價不要大幅下跌，那麼卜蜂當年度的盈餘要超越二〇一六年的機會相當高。

結果，你知道股價多久才顯著反映基本面利多嗎？答案是三週、三週、三週，很誇張，所以說三次；五月二日收盤價是五八．三元，兩週後的十八日收盤價還是五八．三元，直到二十二日才大漲至六一．九元。平日下班忙碌到要暈倒的散戶們，只要週末稍微關注一下新聞和股價變化，足足有二十天左右可以買進卜蜂。而此時的本益比就算用二〇一六年比較低的基期計算也僅十二．三倍（當時台股平均本益比約十六倍），是個兼具基本面與成長性的進場時間點。除息前（七月三日）高點漲到七十六．六元，買進後的潛在報酬率高達三一％。換成是熱門股，應該在財報公布後就大漲甚至漲停了，根本不可能有機會讓你撿便宜。

催化劑二：股利公布後的股利慣性

看完盈餘慣性，你應該開始熟悉催化劑的概念了，意即**掌握利多消息會使股價反映基本面的特性來搶先布局**。近年來「存股風氣」極盛，所以「股利慣性」有異曲同工之妙。

老話一句，這比較適用「非效率市場」的股票，因為大家沒有特別注意，我們才有機會搶先布局，然後慢慢等大家發現買進來後的豐收股價與股利。切記，這個催化劑絕對不適用於「中華電信」（2412）和「台灣大」（3045）之類的熱門定存股，等你看到股利發表時才買進，反而當了別人的催化劑。

彼得．林區大師說，「聽起來無聊的股票」和「經營令人搖頭的生意」是完美股票的特點，而經營麵粉的企業似乎就是典型的無聊公司。二〇一七年五月二十七日《工商時報》報導麵粉王「聯華」（1229）二〇一六年稅後盈餘二十一．五四元創新高（EPS為二．三七元），宣布配發一．六元現金股息與〇．五元股票共二．一元股利。新聞後的第一個開盤日（三十一日），聯華不漲反跌，以二十七．七五元坐收，此時殖利率為七．五六%，比市場上普遍認可的五%殖利率標準還高出不少。由於聯華比卜蜂更冷門（聽到經營麵粉就搖頭），這次就有將近三個月的時間可以買進，就算到除權息日八月二十五日前一天才買，也能以不到二十九元的股價享有七%以上的殖利率。值得注意的是，聯華在同年八月初已公布二〇一七上半年的EPS是年增一五．六%的一．一八元，又是一次掌握「盈餘慣性」的好時機。

如果有把握到這黃金三個月買進的投資人，應該笑得合不攏嘴吧，因為除權息後兩週就填權息了，七．五六%殖利率輕鬆入袋。而且隨著「盈餘慣性」讓愈來愈多人知道這檔股票，二〇一七年底收盤價大漲至三十六．六元，又是一次潛在報酬率三〇%以上的投資機會。

這就是催化劑不可小看的威力，有機會讓投資人在數個月內賺到可觀的報酬率，而且比起明牌消息可靠多了，因為你是利用非效率市場的特性去買進績優財報的公司。最重要的是，**「盈餘」與「股利」慣性基本上意謂著公司營運狀況良好與穩定成長。因此，買進後隔年有非常高的機會能領到更高的股利，而更高殖利率的條件會進一步帶動股價成長，增加填權息的機會。**

催化劑三：實現公司前景

公司的前景是最容易被誤解的催化劑，導致散戶住套房住到厭世，連自己怎麼被套牢都不知道。看好公司大好前程計畫而買進的投資人，其實算是相對理性（比起只看線和籌碼的投資人來說），儘管是「有憑有據」地買進公司，但如果忽略買進的時間點，套牢和長期股價的溫吞都會降低投資績效。

二〇一三年，以車貸為主要業務的「裕融」（9941）傳出要前往大陸申請汽車金融執照的消息，帶動二〇一二年均股價六十四・六元至二〇一三年均價七十四・四元，顯示大陸市場龐大的汽車融資市場非常有話題，吸引投資人買單。但最後，直到二〇一五年才正式與母公司「裕隆」（2201）聯手，取得中國第一張全外資汽金執照，並於二〇一六年四月正式開啟業務，這兩年的年均股價分別為七十五・九與七十三・三元。從上面的消息與股價的對應來看，你找到散戶投資人為什麼總是賺不到錢的原因了嗎？

二〇一三年當年只是「傳出有機會取得執照」，就讓裕融股價站上七十元以上大關，與二〇一五年正式取得執照及二〇一六年開啟營運時的年均價沒有顯著差異，這代表投資人看到消息就買股票的話，真的太躁進了。要注意的是，裕融的進展還算順利，從傳出消息到開始實驗計畫大約三年時間，算是風險相對低的例子。很多公司傳出來的消息是假的，例如二〇一八年傳聞被動元件大廠「國巨」（2327）要併購光碟大廠「中環」（2323），事後證明僅是空穴來風，因此千萬不要「看到影子就開槍」。

投資人與其在二〇一三年買到媒體催化劑，不如等到二〇一五年真正取得執照後再擇機入場，或者等到二〇一六正式營運後，觀察一陣子公司營運會更好。一般來說，新業務開始初期是處於虧錢狀態，所以真的不需要急著在公司前景未實現前就買進。

最好的進場點其實是在二〇一七年初，股價從七十六・八元一路大漲，全年均價一百零一元，投資人可在一年內獲得超過三〇%的報酬率。由於汽車金融是回本非常快的產業，利用先前產業分析師的思維，可以聯想到公司一定是先到中國賣車，等到銷售量有一定水準，再引進自己的汽車金融公司做垂直整合。在這個邏輯下，二〇一七年裕融在中國汽車貸款開始盈利的機率非常高。汽車的銷售已具備多年基礎，只要新客戶選擇分期付款服務，裕融就能獲利。再者，二〇一六年時，公司在中國汽車貸款尚未損益兩平時的年度EPS為六・四一元（年增一九%），因此二〇一七年初，公司也宣布當年將轉虧為盈時就是一個非常好的催化劑，公司不僅實現了計畫，而且有明確的獲利時程。

當公司宣布未來規畫時，千萬不要貿然買進，一來消息吸引投資人目光時會讓股價偏離價值，二來實現前景的時程無法確定，最後實質的獲利與真實運作效果皆尚未明朗，此時買進的風險相當高。建議等真正實現計畫時，再利用催化劑原則評估買進的時間點。

催化劑四：併購好公司

相較於公司自行設定未來新業務計畫，如果遇到的是利用「併購好公司」來拓展公司盈餘，那麼就更要好好關注。由於被併購的公司具有一定的營運歷史，提供投資人對於公司後續新業務營運及貢獻度有比較好的評估基礎。

清潔用品大廠「花仙子」（1730）在二〇一四年底宣布以每股六百九十三元的價格，併購擁有知名產品好神拖的帝凱公司五一％的股權，以花仙子多年的品牌行銷經驗加上具備「回客率消費」的好神拖，無疑是一加一大於二的決定。在生活產業分析上，我們可以確認好神拖是相當好的產品，進一步再透過盈餘貢獻度來尋找催化劑。

併購案宣布時，帝凱是一家股本六百萬元的公司，卻能靠好神拖創造六千兩百萬元的盈餘，關鍵就在於花仙子的五一％股權可以認列約三千一百萬元（6,200萬×0.51＝3,100萬），當時花仙子的股本約五億三千八百萬元，也就是說，好神拖能貢獻花仙子EPS約〇・五七元〔（3,100萬÷53,800萬）×10＝0.57元〕。花仙子二〇一四年的全年EPS為二・一四元，由於好神拖是熱銷產品，假設併購後的銷售盈餘不變，花仙子隔年（二〇一五）的潛在EPS即是二・七一元（0.57＋2.14）。花仙子股價在宣布併購時約為二十八元，如果我們以二・七一元為試算基礎，此時本益比僅為十倍左右（每股盈餘2.71÷股價28＝9.6倍），是非常便宜的股價。不過如果投資人忽略了這個催化劑，而以當年二・一四元的EPS為基礎，將會錯失良機。併購隔年，花仙子的EPS最終為二・七三元，果然與粗估的二・七一元非常接近。在清潔用品這麼穩定的產業下，不必等隔年，投資人在併購當下就能評估未來的EPS，做出價值投資的入場選擇。

有趣的是，由於併購後需要時間讓盈餘成長醱酵，所以從併購的二〇一四年底到隔年九月，都還有機會以宣布併購好神拖時的二十八元股價入場。清潔用品產業「非效率市場」的特性及缺乏題材的拖把事業，讓投資人有充裕時間及便宜的價格當花仙子的股東。等併購效應顯現後，花仙子在二〇一六及一七年的年均股價分別達到三十六・八及四十・三元的水準，意謂著把握到催化劑的投資人有機會在三年內獲得三〇%以上的報酬。看到這裡，你需要等財報出來才能投資嗎？別錯過併購好公司的催化劑，即時抓穩進場時間。

遇到催化劑即買進，可獲最大化報酬率

把握催化劑原則，做好價值投資就非常簡單。**特別是逆向價值投資的策略，能幫助我們領先市場進場，以相對短的時間獲得相對高的報酬。**

事實上，股市中的催化劑有無數種，這邊我只列出大家較能掌握的四點。趕快想想你成功的投資案例中是否也是無形中在催化劑出現時入場。好好統整這些催化劑，就能幫助你完成下一次甜美的投資。記得「明牌不能複製，但催化劑可以」。還不過癮的話，翻到下一節瞧瞧更顯著的催化劑！

21 宜進宜退？看準政策風向球

政策就是散戶投資人最好的投資參考決策。

平常大家對於政府的決策並不是非常關心，但如果你想在股票市場中細水長流，千萬別忽略「政策」對個股的影響。要知道，政策是影響國家各行各業遊戲規則的直接因素，而且具有「持續性」影響，只要能把政策財經化，培養好的聯想力，買賣策略基本上就不言而喻了。

有趣的是，大家都知道沒戴安全帽會被罰五百元，因此會乖乖遵守以顧好荷包，但在股市裡，總在政策已經影響個股經營後才驚覺到。我會把政策大方向簡單分為「薪資」、「匯率」、「油電」、「環保」和「金融」五大類，當你看到政策時，便可以與這五類做個聯想，來協助投資評估（參表5）。

表5 政府政策對特定產業的影響

政策	影響	注意產業（範例）
薪資（一例一休）	人事費用	服務業、物流
油電燃氣	營運成本	製造業、航運
進出口（匯率）	匯 ／匯損	進出口相關公司
環保（法規）	營運成本	製造業
金融（利率）	資金成本	房地產、金融業

政策改變牽一髮而動全身

關於政策的好消息和壞消息，我們就先苦後甘來討論吧。

首先探討什麼時候該賣掉股票。雖說是壞消息，實際上也是好消息，因為當你提前預知颱風即將來臨，寧願快點收成田裡的菜以便宜出清，也總比颱風過後一毛不剩。**投資成功不一定是「利益最大化」，「損失最小化」更是決勝績效的關鍵**，尤其散戶的資本不多，只要單一持股發生大損失，就會嚴重影響獲利。

一例一休政策上路，勞雇薪資結構大風吹

經典的「一例一休」爭議正是聯想到「薪資政策」的最佳範例。二〇一六年，台灣政府三讀通過，勞工每週必須有一天例假。這項政策影響最大的是週末得上班的行業，不論員工是例假日還是休息日加班，雇主就得支付加班費。因此，我們就能事前判斷哪些是「人力密集」且占主要營運成本的行業，服務業就是典型的例子，特別是物流業與通路業。假設無法事前判斷也沒關係，生活中一定有所聞物流司機低薪高工時，所以一例一休會影響到物流業者。

二〇一七年開始實施後，許多業者如黑貓宅急便與「大榮貨運」（2608）皆宣布週日不送貨，以因應人事成本上漲。醫療通路同樣是人力成本密集的服務業，一例一休政策實施後，「杏一」（4175）董座表示，全年度將增加三千萬元人事成本，必須提出因應之道。財報中與人事成本相關的指標為「營業利益率」，果然大榮與杏一在二〇一七年第一季的營業利益率表現都大幅衰退，相較於二〇一六年同期，分別衰退了三五％及二九．五五％（參表6）。

透過將政策財經化，在一例一休實施前避免投資相關個股，待財報確認無

表 6　一例一休對大榮及杏一之營業利益率影響

個股	大榮（2608）	杏一（4175）
2016 年 Q1 營業利益率（%）	16.37	3.35
2017 年 Q1 營業利益率（%）	10.64	2.36
年衰退（%）	35	29.55

資料來源：XQ 全球贏家

慮後再評估是否買進。而對已持股的投資人來說，**由於政策具持續影響性，當觀察到持股已經受到政策影響，可以考慮先出場觀望**，因為我們根本不知道何時會結束衰退。大榮和杏一分別到了二〇一七年第二季與第三季，才透過調整運費與營運策略終止營業利益率的衰退，因此因應政策提前出場，待政策影響消除後才是相對保險的進場時機。

掌握匯率政策，避免受衝擊

對於台灣以出口為主的產業型態而言，另一個影響獲利的常見政策絕對是「匯率」，不僅是國內的匯率控管方向，國外（美國、中國與日本）的貨幣政策對出口為主的我們同樣影響顯著。

二〇〇八年金融海嘯發生之前，世界面板前兩名為台灣友達與奇美，韓國三星與LG分居三、四名。此時韓國政府做了一個大破大立的政策，將韓元兌美金大貶六成以增加出口競爭力，趁金融海嘯競爭對手低迷時搶奪版圖。海嘯過後，台灣面板廠開始看不到韓廠車尾燈了，影響至今。如果投資人對於匯率政策有洞察力，當時看到韓元大貶值救出口的政策，就能避免投資到受衝擊的產業。

再舉個例子，國內著名電子產品代工大廠「仁寶」（2354）於二〇一七年的EPS為一．三二元（年衰退二九%），原因之一就是當年台幣明顯升值，造成二十億元的匯損，使EPS減少了〇．四五元。相反的情況為日本首相安倍晉三的日幣貶值策略，投資人應該馬上想到國內進口日本設備或原料的公司會因此而受惠，例如代理日本TOYOTA的「和泰車」（2207）和NISSAN的「裕日車」（2227）。記得匯率改變的時間點遠遠領先財報結果，因此把各國的匯率政策納入投資思考，就有很高的機會可以洞燭先機。

天然氣受政策保護，產業最佳護城河

我為《華爾街操盤手給年輕人的15堂理財課》一書撰寫的推薦文中有條投資金律叫「攻擊得分，防守獲勝」，正是說明做好政策對個股的防守絕對是永保盈泰的不二之道。但我知道你們閱讀的最大動機是想學攻擊，接下來就分享幾個政策「護城河」與「催化劑」。

前面章節提到的天然氣類股就是擁有強烈政策護城河的群族，每一個區域只會有一家天然氣供應商，例如新北市中永和為「欣天然」（9918）、高雄縣市合併前經營高雄縣的「欣雄」（8908）。在政策保護下讓公司營運非常穩定，因為沒有競爭對手，因此非常適合長期持有。這兩家公司分別連續二十七及十八年發放股利不中斷，顯見政策對公司營運的影響之深。此外，二〇一七年七月開始，高雄市政府管制工業廢氣排放標準，業者從燃燒「重油」改用「天然氣」，使供應高雄九大工業區天然氣的欣雄受惠，營收大幅提升，這又是一次政策影響企業營運的例子。**如果你能選到擁有政策保護的產業，一定能事半功倍地挑選到好股。**

油電雙漲政策，加油站股價不升反降

「石油」是另一個政策高度管控的商品，之前的「油電雙漲」就讓許多以石油為主的業者吃不消，像是物流、航運等，連帶影響到各行各業的通貨膨脹。值得注意的是，無論油價高低，由於政策控制，業者獲得每公升的利潤都是固定的。在年年人事成本高漲下，儘管石油為民生必需品，台灣的加油站平均每年要倒掉二十六家（二〇一〇年五月至一六年五月），目前全台僅剩不到兩千五百間。有鑑於此，政府在二〇一六年宣布調漲十六年來未調整的「加油站營業費用」，從每公升二．五八三元調漲到三．〇四九元，增幅達一八％，用來因應高昂的設備與薪資成本。

坦白說，當初在報紙上看到這則新聞時，我的反應和一般人是一樣的，只覺得油價是不是又要漲了、荷包會縮水，殊不知這是天上掉下來的禮物。「山隆」（2616）與「全國」（9937）兩大民營加油站業者受惠於此一政策，紓解壓抑了十六年的成本問題後，EPS在二〇一六年分別成長到三．〇九元（年增六二．六三％）與二．二八元（年增四三．三九％），帶動當年股價分別上

表 7　加油站營業費用調漲對山隆與全國加油站的 EPS 及股價影響

加油站個股	山隆（2616）	全國（9937）
2015 年 EPS（營業費用調漲前）	1.9 元	1.59 元
2016 年 EPS（營業費用調漲後）	3.09 元	2.28 元
2016 年 EPS 增幅	62.63%	43.39%
2016 年股價漲幅（還原股息）	30%	14.7%

參考資料：XQ 全球贏家軟體

漲了三〇%及一四・七%（參表7）。

老話一句，如果遇到生活中開銷變大的「惱人問題」，一定要啟動第二層思考想想「投資機會」。在這個政策中，如果我們過度在乎一公升幾毛錢的價差，失去了當年加油站類股一四・七%以上的潛在報酬，那是多麼得不償失啊。這個政策讓我印象深刻，也從這時候開始培養「政策財經化」的習慣。

國際環保政策開鍘，紙業工廠獲利虧損

其他常見的政策還有「環保法規」。環保標準嚴格時，會讓小廠難以經營，而提高大廠的競爭優勢。

以生活中因網購趨勢而需求大增的紙箱為

例，二〇一六年，生產紙箱的工業用紙大廠「榮成」（1909）受惠於中國提高環保標準、加速淘汰落後的小紙廠，隨著競爭對手產能淘汰，使得榮成當年的EPS繳出二．七九元的成績單（年增一四九%），二〇一七年更達三．六四元（年增三〇%）。不過成也政策，敗也政策，二〇一七年年底，中國因環保議題開始禁止低成本的外國廢紙進口，政策一出不久，榮成在二〇一八年前兩個月的營收年增率成長下依舊宣告虧損，顯見環保政策對於企業的影響之大。

練習將政策財經化，輕鬆掌握個股操作

如果覺得以上的範例需要時間練習，**建議讀者可以從最熟悉的「利率」開始培養政策財經化的敏銳度**。像是中央銀行的「低利率」政策會帶動房地產相關產業的發展，反之，「升息」就會壓抑房市的成交量，相信這是曾經貸款買過房子的人輕易就能懂的道理。再者，「升息」會增加銀行的利息收入，金融股便能因此受惠。

如果你能修練好政策財經化的技能，個股買賣的拿捏勢必更得心應手。

22 接刀子還是撿便宜？掌握逢低入場的決策

金融危機造成企業營收與盈餘都衰退，進場的唯一依據是生活習慣。

價值投資之父班傑明・葛拉漢強調，要以低於公司「價值」的「價格」買進股票。網路普及後，使得這個觀念廣為傳播並根深蒂固於散戶投資人的腦中。還記得我國小剛接觸股票時（一九九七年），台股散戶喜歡追漲停和明牌，不像現在喜愛價值投資的存股路線，不少人甚至期待指數崩盤時能逢低買進好股，盡早達成財富自由。經典投資書《安全邊際》（*Margin of Safety*）的作者塞斯・克拉爾曼（Seth Klarman）對價值投資的看法更簡單明瞭，他說：「用五毛錢買一塊錢。」

無奈現實世界總是知易行難，要怎樣才能知道自己接到的股票是市場先生「打折出清」，抑或接了會砍斷手指的「刀子」呢？我認為**最簡單的價值投資判斷原則，就是「公司基本面不變，但股價大跌」**。這相當好理解，假如公司營收和盈餘沒有衰退，而且競爭對手與外在因素對公司沒有不利影響狀態下卻發生股價大跌，此時不撿股票更待何時？但現實通常事與願違，發生崩盤幾乎都是外在經濟條件劇烈變化之際，許多公司的營收及盈餘也會同步衰退。所以，**最核心的議題是如何在公司基本面衰退下找到逢低進場時機**。

把握消費者習慣就能勇敢買進

「財報只能說明過去，無法預測未來。」當財報低迷時又該如何價值投資呢？身為一般散戶的我們非專業背景出生，很難仿效武林高手們去檢驗公司的資產、專利價值和競爭對手狀況，然後逢低買進。好消息是，身為「生活產業分析師」的我們卻有自己超簡單但最實在的判斷原則，那就是「消費者習慣與需求」。

一直很照顧我的華爾街操盤手闕又上老師，在《華爾街操盤手給年輕人的15堂理財課》中就有一段相當精彩的論述。二〇〇八年金融海嘯之際，星巴克銷售量衰退約三成，股價從每股十八美元跌至約四美元，闕又上老師為何有勇氣在營收下降且股價大跌近八成時買進，並在持股七年後獲利高達十二倍？憑藉的正是小時候幫忙顧家裡雜貨店的經驗，讓他知道像是香菸與咖啡都有「口味習慣」與「品牌偏好」。由於星巴克屬於定價較高的咖啡，金融危機時大家就會減少消費，也就是說，讓企業衰退的主因來自環境，因此待海嘯過後，星巴克有相當高的機會重返成長軌道。如今，星巴克已漲到每股五十五美元左右（二〇一八年六月），是二〇〇八年金融風暴前高點的三倍之多。

這是聽起來非常簡單但在投資中常被嚴重忽略的金科玉律。人們投資時總是傾向把事情複雜化，而沒有將投資與生活連結。**買股即是買公司，這些企業的生存必須仰賴我們日常消費貢獻，「消費習慣」便是極少數能用來應用在危機入市的指標之一**。

外在環境惡劣時會導致公司營收衰退，我們平常仰賴的基本面選股都是以財報為主，這樣的策略無法在崩盤期釐清買進的時間點。好消息是，一般投資人皆能輕易理解「口味習慣」，我讀博士班時期，常常得晚上提神寫作投稿國際期刊，十次有九次買金車「伯朗咖啡」，別的廠牌怎麼喝都不習慣，導致現在寫作時不喝伯朗咖啡還寫不太出來呢！假設金車是一家上市公司（實則未上市），而在第二次金融海嘯之際跌到谷底，此時只要判斷衰退原因來自消費緊縮，把握消費者習慣就能勇敢買進，因為你知道海嘯一過，自然就會恢復過往好的營運狀況。

生活中這種具備「口味習慣護城河」的商品不勝枚舉，例如火鍋和滷味店內一定有「味王」（1203）的王子麵、薯條餅乾首選「聯華食」（1231）旗下的卡迪那、便利商店長銷的紅茶是「統一」（1216）純喫茶等。

消費習慣有助於崩盤時實踐價值投資

我的上一本著作《我的購物車選股法，年賺30%》中特別論述到，生活投資股的業務屬於「民生基本需求」，因此股票比較不會變成「壁紙」。特別是這些公司的「盈再率」[16]一般來說並不高，因為產品和服務很簡單，不需要每年提撥相當高程度的盈餘在資本支出研發上。所以，在金融危機時不會像科技類股有週轉不靈的問題，如此便能減少公司倒閉的風險。

相反地，很多公司根本沒有消費者習慣，其產品或服務的「轉換成本」極低。多數是販售智慧型手機、筆記型電腦和平板的公司。身為消費者的我們總是喜新厭舊，像我就曾先後換過HTC、三星、LG和小米的Android手機。這樣的經驗讓我明白，假設在崩盤之際，就不能去購入相關公司的類股，一來和平常的消費有邏輯上的衝突，二來金融海嘯後產業可能就會來次大洗牌（參上一節關於面板的例子）。

再舉個例子，保全業龍頭「中興保全」（9917）在二〇〇七年的EPS為四．二六元，金融海嘯時因大環境不佳，造成EPS衰退二八．八%至三．〇三元，股價更從七十元腰斬至三十四．五元。首先要思考保全業是否具備消費習慣？我個人認為，保全是屹立不搖的產業，從古代的「鏢局」到現在的「監視器」監控，不僅景氣好賺大錢之際要付保全費保障財產，時機差時治安不良更要保全，商家乃至百姓都有保全的需求與習慣。

再來要選擇有「消費者習慣」（即第四節所說的「持續性」）的公司，「品牌」的重要性在此顯現。中保是國內第一大保全業者（市占超過五〇％），金融海嘯後，百業擺脫蕭條要找保全，如果不選最大業者，就是選老二的「新保」（9925）。循著這樣的思維，中保的EPS在金融海嘯隔年就恢復成長動能，五年後（二〇一三），EPS繳出比海嘯前更好的表現（四．五七元）。新保在金融海嘯後也幾乎年年正成長，EPS同樣在二〇一三年超越金融海嘯前的表現，顯見消費需求與習慣真的能幫助我們在崩盤時實踐價值投資。反觀很多科技類股在金融海嘯後反而失去競爭力，不僅是消費習慣使然，科技產業日新月異的特性讓我們沒辦法預測未來的消費市場，就像傳統手機龍頭NOKIA和底片龍頭柯達因所屬產業變遷而衰敗。

⓰「盈再率」是指企業將盈餘再投入至營運的比例。如果低投入還能維持營運持平或成長的話，將擁有較充沛的現金來發放股利或增加財務彈性。

「生活投資股」是日常存股和逢低買進兩相宜的選擇，日常生活產業未來的模樣不會超出我們的想像太多，顧客又會在經濟重新邁向繁華之際因消費習慣「回娘家」。如果未來遇到大崩盤，勇敢買進這些你能確認能「雨過天晴」的公司吧。

第 6 章

我如何找到定存成長股？

存「定存成長股」的好處是當不如預期成長，

至少它們是穩健的「定存股」；

如果有照著評估成長，就會變成「股利」與「價值」雙贏的高報酬標的。

我偏好尋找未來價值高於現在價值的公司，

就算買不到眼前的便宜價，

當下的合理價也會因為公司價值提升而變成便宜價。

23 三項數字，找出定存成長股

成長是最好的安全邊際之一，否則不進則退。

我的投資哲學傾向用合理價買進當前股利與盈餘績優且未來有機會成長的企業，我稱之為「定存成長股」。存此類股的好處就是當績效不如預期成長，至少它們還是穩健的「定存股」；如果有跟著評估成長，就會變成一檔「股利」與「價差」兩頭賺的高報酬標的。即使股價沒有大漲幅，因為基本面轉強，提高的股利提供了持股更大的安全邊際以及更高的殖利率。這類「今日合理價，明日便宜價」的公司，是大家很容易忽略的價值投資方向。

傳統價值投資與逆向價值投資的區別

葛拉漢的價值投資觀念，即是以低於公司「價值」的「價格」買進股票，等待市場給予合理的報酬，這種趁市場先生不理性打折時逢低布局的觀念深植人心。但現在隨著網際網路盛行、手機APP隨時都在選股的時代，要找出當下股價低於當前價值的個股談何容易？特別是在存股風氣下，許多穩定產業別的定存股本益比都接近甚至超過二十倍，如電信三雄、部分食品與保全股。這類熱門存股標的只要跌到合理價就有大量買盤承接，想買便宜價談何容易？

或許投資人會說「總有一天等到你」，我認為這個方式並沒有錯，但要提醒的是，這類股票由於有穩定股利政策，因此當你等到便宜價的時候，早你幾年買的投資人領取多次股利、股息後早已降低持股成本，還靠股利每年退稅，成本可能比你還低。因此，傳統認定的價值投資法似乎有一定的執行難度，因為這時代的資訊流通實在太快了。

不過別以為我認同「轉機股」，因為台股中對轉機的定義往往是由「壞轉

表 8　價值投資學派比較

價值學派	傳統價值投資	逆向價值投資（定存成長股）
價值	關注現在的企業價值	專注未來的企業價值
價格	在當下便宜股價時買進	在當下合理股價時買進
優點	概念簡單，容易理解	領先市場，享受未來高報酬
缺點	資訊透明的網路時代， 愈來愈難運用此策略。	需對企業深入評估， 較適用「生活投資股」。

好」。任何投資都要有不如預期、避免成為輸家的打算。所以轉機股的最大問題就是在沒好轉的情況下仍是爛公司一間，尤其轉機題材還會吸引買盤，只要存在人氣的因素，股票價格就非常容易超出其價值，因此轉機股是極度危險的投資策略。

相較之下，**「定存成長股」是既可攻又可守的「逆向價值投資」**。傳統做法是強調當下股價低於價值，我則偏好尋找未來價值高於現在價值的公司，就算買不到眼前的便宜價，當下的合理價也會因為公司價值提升而變成便宜價。關於傳統價值投資與逆向價值投資的區別，請參表8。

從三率尋找定存成長股

尋找定存成長股其實是相對容易的策略，因為像「本益比」與「殖利率」等常見指標都會減少發掘「低估股」的機會。幸運的是，多數散戶投資人和軟體都極少關注「毛利率」、「營業利益率」和「每股盈餘」（EPS）是否持續成長，我們可以利用這些指標進行逆向價值投資。

還記得我提過生活類股只要成長，通常不是曇花一現嗎？民生必需股少有電子科技類股的短期大訂單或創新技術等帶動成長的催化劑，但成長性的持續動能是比較可預測的。三率變化是最基礎也最容易讓一般投資人上手的判斷法則，以下舉幾個實際生活類股，讓大家更容易了解。

毛利率（產品利潤提升）帶動的定存成長

「卜蜂」（1215）在二〇一三年時的毛利率僅為九．三%，不過隨著近幾年韓式炸雞、椒麻雞和雞塊等高毛利加工食品打入統一超商與好市多供應鏈，毛利率一路成長至二〇一七年的一六・七五%，這四年間的毛利率複合成長率高達一五・八%。帶動EPS從二〇一三年的一・九五元快速成長到二〇一七年的五・三五元，年化成長率二八・七%。

財務數據的高成長帶動了股利發放，二〇一三年度發放一・三元股利，到二〇一七年已成長至三元的水準，持股的投資人在這段時間享受了股利成長的果實。高股利進一步帶動了股價從二〇一三年均價十五・四元提高到二〇一七年均價六十五元，即使我們忽略這倍增再倍增的股價漲幅，這四年間看好加工食品帶動毛利率的股東也享有持續成長的福利，假如在二〇一三年以十五元買進的投資人，二〇一七年可享有豐厚的二〇%殖利率（3元股利÷15元股價×100%）。

只要上超商和大賣場時多關注食品的品牌變化，加上回家打開像「優分析」和「財報狗」等免費網站，就可以查詢毛利率多年的走勢。我們的能力圈也足以判斷即食產品與毛利率提高的關聯，有機會找到像卜蜂這種穩定老公司（飼料、肉品）因新布局（即食肉品）而成長的例子。

存股時，千萬不要選在企業毛利率下降時進場，特別是與景氣循環有關或原物料成本占營運成本太高的企業，例如輪胎、塑化、畜牧等類股，否則極容易在短時間內「賺了股息，賠了價差」。

營業利益率（營銷能力改善）帶動的定存成長

「營業利益」是商品的毛利扣除水電瓦斯、人事和廣告等費用後的盈餘數。由於營業利益計算與製造商品原料無關，而是和後續管理與廣告有關，因此可以用來衡量一家公司的營運能力。所以，別只是觀察毛利率卻忘了觀察「營業利益率」，否則會錯失找到成長股的良機。

清潔用品大廠「花仙子」（1730）從二〇一二年到一七年的毛利率皆穩定落在四四至四六％之間，EPS卻從二〇一二年的一．六元成長到一七年的三．一三元，五年間繳出幾乎倍增的亮眼成績單。除了營收成長是主動推升盈餘的動力外，最關鍵的莫過於營業利益率受惠於營運效率改善，從二〇一二年的六．三三％年年成長不間斷，到二〇一七年時已達到一〇．一二％，成長幅度接近六成的。白話一點說，假設同樣是賺一百元營收，二〇一二年只能淨賺六元，而到二〇一七年卻能賺十元，所以EPS接近倍增一點都不令人意外。

在營業利益率改善大幅提升EPS後，花仙子的股利從二〇一二年發放一・一元到二〇一七年成長一倍以上，預計發出二・三元現金股利。存這種定存成長股不僅能讓股東非常滿意股利的發放，股價從二〇一二年均十七・七元大漲到二〇一七年的四十・三元，存花仙子的股東實在有夠幸福。

每股盈餘（獲利能力）呈現的定存成長趨勢

毛利率和營業利益率是兩大可以提前掌握EPS可否成長的指標，不論是利潤或管銷能力提升，都可以預期未來EPS成長的機會相當高，屬於「先知先決」的投資策略。假設投資有時候比較「後知後覺」，其實也可以等到有好結果（EPS增長）再找出關鍵動能。

除了毛利率和營業利益率以外，「稅前淨利率」是一個帶動EPS成長的冷門指標。由於稅前淨利率是本家額外加上業外收入的概念，所以如果「長年」持續成長，意謂著公司有轉投資金雞母，同樣是不容錯過的關鍵。做法很簡單，我們將公司每年的「稅前淨利率」減掉「營業利益率」，得到的數字就可以了解公司的轉投資有無持續盈利，我將這項指標概稱為「業外貢獻率」，然後再根據這個數字探究其原因以評估買進與否。

在台灣廣為人知的三菱汽車與匯豐貨車（藍色的那種，你一定有印象）是「中華」（2204）旗下品牌，二〇一二年時，中華車的業外貢獻率為三％，此時呈現成長趨勢，二〇一七年已達倍增的六．二七％。一旦看到業外貢獻率長年增長，便要找出原因。最後發現是因為投資了中國東南汽車，且與德國賓士合資，成立了福建奔馳製造 Benz 品牌商用車，帶動了近年的轉投資穩健收益。二〇一二年時中華的ＥＰＳ為一．五六元，決議發放〇．九元現金股利，五年後的二〇一七年ＥＰＳ在業外貢獻率倍增下，也繳出ＥＰＳ幾乎倍增的三．〇一元績優成績單，帶動股利成長一倍至一．八元，又是一次定存成長的存股表現。

三率指標＋產業判斷，選股變容易

原來，只要用前面所提的三率，就可以篩選出定存成長股，只是多數散戶投資人懶得去細看這些指標罷了。經過我的解說後，其實一點也不難，不管是用單一指標還是三者一起用，至少可以幫你找出有成長潛力的公司。但最後的最後別忘了，「產業類別」更加重要。請記得我說的，**財報只能反映過去，想掌握未來，就要用三率指標搭配你舒適圈內能理解的產業類別來篩選個股。**

前面說的卜蜂、花仙子與中華車的產品都是一般投資人能夠理解的範圍，藉此我們可以更有把握未來是否還有機會繼續成長，例如加工食品的受歡迎程度、好神拖是否熱賣、汽車銷量狀況皆是思考後就有答案的方向。不過如果你今天拿一檔三率成長的 iPhone 概念股來問我，我還真的沒什麼概念！

總結來說就是我們前面所提概念的整合，搭配三率是否成長，相信你同樣能輕而易舉地找到「定存成長股」的股利和價差。接著，我們打鐵趁熱來關注選定存股後該注意哪些風險，避免成為輸家。

24 做好「風險管理」，要禁得起「颱風」，避開「地震」

風險本身並不恐怖，
恐怖的是不知有風險。

存股當道的現在，人人都知道要關注「殖利率」，但我認為存股最重要的是細水長流（穩定性），而非一味地追求高股利。長期投資路上最怕的莫過於公司營運突然風雲變色，因此我才會這麼喜歡存「民生需求股」，因為屬於生活必要消費且非景氣循環，能幫助存股持盈保泰。

投資你能預測風險的個股

為了不在存股之路踩到香蕉皮跌倒、荷包失血，存股最好選擇風險分類屬於「颱風」的企業，避開「地震」型的公司。試想一下，「颱風」和「地震」哪個比較恐怖？我想多數人會回答地震，但實際上，颱風帶來的自然災害與經濟損失不亞於地震，為何大家比較害怕後者呢？

兩者最大的差異正是「預測性」。颱風要來之前的一週，氣象新聞就開始報導颱風形成的狀況，還有未來可能的走勢。各行各業看到颱風消息後就會做出各自該有的應變措施，例如農夫提前採收作物讓損失最小化，政府準備抽水機和沙包以預防颱風時淹水，每個家庭也會儲備乾糧與飲水，萬一颱風沒來時還能撿到颱風假呢！而長期投資要成功其實很簡單，就是要有防災的邏輯。要投資你能預測「風險」的個股，了解這家企業可能的低潮或危機，發生時自然能有因應之道，就好像農夫一樣「停損」、效法家庭備妥「資源」。萬一只是下點小雨沒災情，由於你比誰都了解也準備好了，幸運的話，還可以趁這檔個股大家都放颱風假時逢低進場。

而地震最可怕的就是完全無法防備。台灣每年平均發生超過一萬八千次地震，其中有感地震約一千次，比例雖不到六％，但足以人心惶惶。俗話說「不怕一萬，只怕萬一」，即是對地震恐懼的最佳註解。假使地震剛好發生在凌晨，民眾驚覺時可能為時已晚，如此將導致嚴重災情。嚴重的地震除了本身威力巨大之外，更多是由於無法預測、人們毫無防備所致。因此，存股千萬要避開地震類型的公司，包含了產業本身容易有劇變，或投資人本身無法分析公司的潛在危機。要知道，散戶的本錢並不豐厚，所以要「避免成為輸家，而不是只想著當贏家」。

「不可預期」與「無知」讓你誤踩地震股

以我自己的存股經驗為例，先前章節提過保全龍頭「中保」（9941）在二〇一六年認列復興航空倒閉虧損，讓過往幾年四．六元左右的EPS衰退到一．四元，足足衰退了七〇%。有趣的是，股價並沒有大跌，只從九十七元跌到八十六元，比起EPS衰退，一二%不到的跌幅可說是小巫見大巫。為什麼會有這種情況？正是因為復興航空對中保股東來說是「颱風級風險」，中保總是年年認列這個轉投資虧損，股東對一家一直虧損的航空早有可能倒閉的最壞打算。因此，復航倒閉造成的股價衰退相當有限，因為對長期持股者而言，不僅早預期到這個情況，更慶幸來年不用再認列復航這個拖油瓶的損失。果不其然，復航倒閉隔年（二〇一七年），中保繳出EPS五元的優異成績單，是二十五年來最高的年度EPS水準。由於持股中保的投資者都是長期持股的內行人，因此沒有出現股價跟著大幅衰退的事件，否則又是一個放颱風假撿便宜的機會。

「地震級風險」的個股就很可怕了，我投資過「宏碁」（2353）這家耳熟能詳的台灣筆電品牌大廠，從一九九六年上市到二〇一〇年為止年年獲利，盈餘發放率超過八〇%更是司空見慣，被視為定存股的好標的。我是在二〇一一年時買進，但沒想到當年宏碁認列了一億五千萬美元的通路庫存虧損，原來先前高營收表現是透過將筆電塞貨給通路商的策略達成，在筆電銷售好時當然沒問題，不過當時遇到 iPad 興起與智慧型手機盛行，筆電銷售反轉直下。接下來六年（二〇一二至一七），宏碁有一半時間都處於虧損狀態。例如二〇一六年認列早期併購 iGware、Gateway、Packard Bell 的無形資產減損達六十三億四千萬元新台幣。短短幾年發生了商業模式失效、產業變遷及併購失誤的地震，使一家連續十五年配息的公司連續四年無股利。這就是為什麼我會建議一般投資人避開科技股的原因，這個產業日新月異，來得又急又快，等到發現災害時通常為時已晚。再者，就算這些風險其實是可預期的，但科技產業對一般投資人來說是難以理解的專業，所以「無知」同樣是造成持股地震級災難的另一個主因。

這種科技類股的地震屢見不鮮，另一品牌大廠「華碩」（2357）在二〇一二到一六這五年間，平均EPS繳出了二十七．七元的好成績。但二〇一七年第二季，由於「零組件成本上漲」、「台幣升值」等因素使得單季EPS創下七年新低，僅有二．七元（年衰退五一％），當年度的EPS為二十．九四元，相較於過去五年衰退不少。

公司起起伏伏其實很正常，不是只有科技業才有的現象，但電子業的匯率與成本因素都是散戶投資人無法預期的，如果這一年是買在第二季EPS公布前高點三百零八元的投資人，就要面對公布後跌到兩百四十一元（跌幅二一・七五%)的心理壓力。

投資人如果以為地震僅有如此就太天真了。二〇一八年第一季,華碩又因為認列歐盟反壟斷和解金共二十二億七千萬元的影響,讓當季的EPS僅有三・二元,年衰退幅度高達三五%。試問,有多少散戶投資人能事前料到「歐盟反壟斷罰金」的損失?

長期投資要做好防災準備

對散戶來說,科技業絕對是地震災害最嚴重的類股,從上述國內筆電雙A(ASUS、ACER)的例子,就有「商業模式失效」、「產業瞬間變遷」、「匯率損失」、「併購失敗」、「零件成本上升」和「反壟斷罰金」這麼多大大小小的有感地震,而且要知道,這兩家都是耳熟能詳的公司,其產品也廣為大眾理解,卻還是無法預測風險。切記,我不是說這類公司不好,就算它們日後營運轉強,但在持股過程中,這些大大小小地震就足以摧毀你長期持股的信心,還會造成日常生活的心理壓力。所以,你現在知道為什麼多數人投資科技類股的績效都難以好轉，除了對產業本身不夠了解，對於相關風險更是一無所知。

反觀投資生活類股，不僅產業較平易近人，對於相關風險的意識也比科技類股了解不少。比方說生活中感受到油價上漲，我們就能聯想到貨運業的「大榮」（2608）和「宅配通」（2642）的獲利或許會受到影響；一例一休造成的薪資問題，會造成人力成本占比相當高的「杏一」（4175）營業成本高漲；政府補助買車優惠後隔年，會讓代理TOYOTA的「和泰車」（2207）或NISSIAN的「裕日車」（2227）業績衰退。一旦評估了這些颱風等級的風險後，不管是提前獲利了結還是穩定持股信心，甚至是把握在災後逢低買進，都能有更正確的判斷率。

記得要長期投資一定得做好「防災」準備，任何產業、任何公司都會有風險，**風險本身並不可怕，最恐怖的是投資人毫無風險意識。想成為股市常勝軍，切記要投資風險等級為「颱風」而非「地震」的個股，否則一次地震就會讓你難以抽身。**

25 買進時機重在「正面大贏，反面小輸」

投資成功的祕訣不是勝率高，
而是下注時贏大輸小。

每個長期投資者都在問：最好的存股時機是何時？是殖利率高的時候，還是盈餘成長的階段？我的答案是「正面大贏，反面小輸」之時。**當你預期的成功會帶來豐厚報酬，而不盡人意時只有相對極小的損失，那就請勇敢下注！**

《下重注的本事：當道投資人的高勝算法則》（*The Dhandho Investor: The Low-Risk Value Method to High Returns*）一書的作者莫尼斯．帕波萊（Mohnish Pabrai）是以價值投資為出發的經理人，他卻能將看似穩定的價值投資哲學發揮到淋漓盡致。在他創辦的同名基金操盤期間（一九九九至二〇〇六年），年化報酬率為驚人的二八%，打敗同期九九%的其他基金公司。用白話一點描述這個報酬率，就是你放十萬元進去他的基金，七年後會生出六十六萬給你，是非常剽悍的投資績效。他的致勝法則相當簡單，就是出現正面時要大贏，反面時僅小輸。我讀了這本書後，深深受到影響並改善了我的存股績效。

股市沙場老將也可能誤判的道理

「正面大贏，反面小輸」看似是一個連國小學生都會懂的道理，但實際上，就算是在股海中奮戰數十年的沙場老將也不見得懂得運用。試想一下，生活中有沒有這種狀況？大樂透應該是多數人會想到的例子，如果是的話，恭喜你即將賠錢。真的假的？花五十元買一張彩券可以換得上億元的中獎機會，不是超級標準的正面大贏、反面小輸嗎？這時，對於要成為勝利投資人的我們得運用第二層思考，不能只看「報酬」，還得計算「機率」才行，也就是國小學生都懂的「或然率」。

根據「中信」（2891）經營的台灣彩券計算，大樂透中獎機率僅為一千三百九十八萬分之一。假設今天的彩金是一人獨得一千三百九十八億元，也就是說，當每一個投資人中獎所能得的「期望值」僅有十元（一千三百九十八億乘以一千三百九十八萬分之一），萬一失敗了，五十元將蕩然無存。所以，這是一個正面小贏（十元）、反面全輸（五十元）的死亡賽局，對我來說，買樂透彩還不如買發行彩券的「中信金」（2891）股票更實在。

我在全台巡迴講座上都會遇到一個問題，讀者總是問：「阿格力（我的筆名），什麼情況符合這個概念？」我的答案是 YouTuber[17]！像是以搞笑影片出名的蔡阿嘎或濃縮電影精華紅到被告的谷阿莫等，年收入皆高達千萬台幣；更驚人的是一名年僅二十二歲的新秀小玉，只花了九個月就靠 YouTube 進帳三百萬元。以上是台灣當紅 YouTuber 目前的績優報酬，隨著網路影音人口增加，相信未來這個數字還會繼續提高，像我屏東老家就把有線電視解約，爸媽都改看 YouTuber 了（所以不要買有線電視股，而要關注 Google 股票）。由此看來，擔任 YouTuber 的正面大贏高達百萬千萬，接下來則思考風險，想想反面會有什麼損失。

就我個人的觀點是認為完全沒有損失。你如果不紅也不會有淒慘的下場，反而能因為這個過程學習到影片拍攝與剪輯、字幕上檔、動畫特效、網路行銷和個人品牌經營等技能，對於未來求職之路或創業多少有些幫助。樂觀一點看待，至少這些技能在男生求婚時派得上用場，辦婚禮時也可以自己剪影片，省下外包費用。因此，為什麼現在這麼多人寧願捨棄正職也要成為 YouTuber 不是沒有原因。他當下的工作可能是一個反面小輸、正面也僅小贏的情況，相較之下，YouTuber 則是正面大報酬、反面小損失甚至沒有損失。對於已經取得博士學位的我而言，現在反而覺得取得高學歷是一場豪賭，表面上可以穩定求職（高機率），實際上卻損失了許多人生路上可以賺大錢的可能（高期望值）。

三步驟改變存股的績效表現

存股想獲得「股利」加上「價差」也是同樣的道理。在正面期望值遠大於

⑰ YouTuber 是指影片上傳 YouTube 後賺取廣告報酬與廠商專案的影音工作者。

負面期望值的原則下進場，並搭配以下三步驟，是我實際買進「定存成長股」所用的方法，包括：一、篩選高不確定性但低風險的公司；二、投資具「安全邊際」的產業與股價；三、選擇穩定成長股而非轉機成長股。由於我還不到三十歲（截稿時還沒出社會，剛博士班畢業且退伍），存股不過幾年，但運用此原則選擇正面大贏且反面小輸的「定存成長股」後，顯著改變了過去存股的績效表現。

舉三個例子來具體說明。「聯華」（1229）存了十七個月時即達到股利含價差共一一四％的報酬率，當初買進時的殖利率為六．五％，而在持股即將邁入第三年時，由於出現正面大贏的狀況，股利提高發放帶動我原始最低成本持股的殖利率來到一三．七％；「花仙子」（1730）在存股兩年四個月後，即達到股利加價差最高達八二％報酬率的好成績；買進「裕融」（9941）後的第十五個月，股利含價差達到八〇％報酬率的意外表現。這些例子都要歸功於「正面大贏，反面小輸」的概念。

步驟一：篩選高不確定性但低風險的公司

前述的 YouTuber 就是一個「高不確定性」但低風險的職業。高不確定性主要來自「不了解」與「缺乏範例」；取得高學歷的報酬率不高，但因為人們了解追求學歷的藍圖以及具備多種成功範例，因此多數人還是會選擇這條至少心理上覺得「反面小輸」的求學之路。實際上，這只是心理因素對低風險的加乘作用，人們往往只擔憂虧損卻沒計算報酬。不過經過前面說到成為 YouTuber 過程中所能學得的技能之後，你會明白它的風險極低，就算失敗了也不會影響你的人生，而且一開始可以先兼職嘗試而非全力投入，如此一來便能兼顧「機會」與「成本」，有機會大贏但頂多小輸。然而，人們往往將「高不確定性」與「高風險」連結一起，事實上，不確定性不一定代表高風險。

例如，如果我不說「聯華實業」（1229）是賣麵粉的，或許很多人還以為它是賣可樂果的「聯華食」（1231）。而詳細介紹其所經營的業務之後，儘管位居麵粉龍頭，投資人一聽到麵粉便會搖頭而去，覺得沒有什麼搞頭（非效率市場個股的典型範例）。再進一步闡述聯華轉投資的聯華氣體是國內第一大工業氣體後，多數人可能還是不太確定此個股的營運模式，於是興致不高。事實上，麵粉與工業氣體都是穩定而少有新競爭對手的行業，所以長期營運的風險極低。

「花仙子」（1730）是出品好神拖的廠商，其實很多人還不太確定這件事，因為好神拖的生產者為花仙子所併購的帝凱公司。而投資人雖然聽過花仙子是以清潔用品為營運模式的企業，但由於市場上的產品都是以子品牌名稱銷售，如驅塵氏（打掃用品）、去味大師（芳香用品）、克潮靈（除溼產品）和康寧廚具（花仙子代理）等，沒有仔細做功課的投資人往往不確定花仙子的產業地位。加上聽到產業類別為清潔用品，一點吸引力也沒有，因此非效率市場特性與不確定性再次讓多數人忽略了這家好公司。實際上，這是一家股東權益報酬率超過一五％且「回客率」超高的績優公司，產業變化性極低，所以倒閉的風險非常小。

最後要分析的「裕融」（9941）就更有意思了，不亮出國字與股票代號，還誤以為是在討論母公司「裕隆」（2201）。接著，聽到這是一家負責汽車貸款的汽車金融公司，一想到買車都「零利率」後，也不太確定這家公司有什麼前途，結果連研究都懶得研究了。不過零利率其實是個假議題，因為買家有較便宜的「現金價」可供選擇，這中間價差便是「利潤」所在。更重要的是，由於這類企業是依附在車廠母企業之下，不怕找到人來貸款買車，而萬一客戶還不出錢，車子也是極容易變賣的商品，產生大呆帳的風險其實不高。然而投資人往往因為不確定又覺得沒什麼創新，就忽略了一家年賺近一個股本的績優公司（二〇一七年的EPS為八．四六元）。

步驟二：投資有「安全邊際」的產業及價格

「不確定性」實際上就是產生非效率市場好股的原因，當我們發現之後，同樣要以「安全邊際」的原則來評估產業與價格。別忘了，要避免成為輸家，就得預留緩衝空間、減少看法出錯的衝擊。

麵粉與工業氣體、清潔業與品牌汽車旗下的貸款公司都屬於傳統行業，藉此我們能初步判定產業持續存在的可能性非常高。再者，這三家公司都是屬於

「基金型態」的公司，聯華旗下有食品、氣體、石化與電腦，花仙子產品橫跨多種不同的清潔與芳香產品，裕融旗下經營各式設備與汽機車租賃、汽車銷售維修和保險貸款一條龍，這種基金型態的公司要在一夕之間垮台，談何容易？

在價格部分，我會遵守十五倍本益比與五％以上殖利率（超重要）的指標以評估價格的「合理性」。當時買進聯華、花仙子、裕融的本益比分別為十三．七七、十三．四四和十二．四，殖利率則分別為六．六二、五．四四及六．〇四％。買進三家隻公司時，已分別連續三十三、十九、二十一年發配股利，期間歷經亞洲金融風暴、網路泡沫、SARS與金融海嘯等多次巨大危機，都無法撼動其盈餘持續性。這類公司即使套牢，也還有穩定股利可以幫助解套，我認為是極有「安全邊際」的投資策略。

步驟三：選擇穩定成長股而非轉機成長股

最後要檢視的是「成長性」，畢竟過去的績效不代表未來的表現，有了基本的成長性，即使最後沒能轉大人變成「定存成長股」，至少也還是一支「定存股」，而我當初就是這麼評估這三家公司的。

由於聯華的麵粉事業非常穩定，所以獲利的主要成長來自於轉投資的聯華氣體。我買進時除了氣體事業每年貢獻給聯華的盈餘都有穩定成長外，其持股三一・七八%但虧損多年的塑化大廠「聯成」（1313）開始轉虧為盈。由於這是產業景氣循環的特性，轉虧為盈後維持多年營運高峰的機率相對高，且當時油價上漲，有利塑化業報價。我買進聯華時，九二無鉛汽油一公升不過二十二元左右，而在獲利翻倍時的九二無鉛油價已達每公升二十八元，回頭看還真是生活投資無所不在地協助投資上的判斷。總結來說，聯華當時的市場價格未給予這些成長空間任何加值，因此這時的股價在未來極有可能變成「便宜價」。關於聯華的轉投資事業，請參表9。

花仙子的部分則是受惠於二〇一四年年底併購好神拖後，帶動了品牌形象的提升。好神拖原始的品牌價值加上花仙子集團廣告預算與通路資源，不僅好神拖愈賣愈好，消費者對花仙子系列產品的接受度也愈來愈高，而旗下任何商品都有回客率補充耗材的需求，這麼強的營收「持續性」形成的成長趨勢就不

表 9「聯華」(1229)的主要轉投資公司

聯華主要轉投資公司	持股比例(%)	營運項目
聯華氣體	50	工業氣體
神通電腦	35.5	資通訊服務
聯成化學	31.78	可塑劑及苯酐

資料來源:三竹股市(統計至 2018 年第一季)

容易衰退。果不其然,我當初以「合理價」買進的持股,回頭看已經變成「便宜價」了。

關於裕融,則是把握第二十節提到的「催化劑」原則進場。我看待裕融前往中國的布局,憑藉著「先有車廠,才有貸款」的觀念,認定公司到中國後會受惠於母公司在中國多年的布局,將迅速達到損益兩平並獲利。同時,由於裕融在兩岸的租賃業務蒸蒸日上,透過租賃業綁約的特性使得營收呈現持續成長或衰退的趨勢,可以協助我預測下一步該持股還是出場。考量到中國汽車市場相對於台灣的龐大,加上以上因素,無疑是正面會大贏、反面就當成領穩定股利的低風險投資機會。在我買進一年後,裕融EPS從六・四一元受惠中國布局而成長到八・四六元,繳出年增三一·九八%的驚豔成績，使我再次感受到正大反小的投資策略真的可行。

頂尖企業都善用正大反小布局

目前世界上的頂尖企業都是深諳此道的高手。有沒有發現，YouTuber 其實是 Google 超低成本的員工，而簽約 Apple Pay 的銀行根本是勞苦薪低？如果 YouTuber 成功走紅，便能從 Google 得到廣告分潤，後者也樂於分錢，畢竟分愈多就賺愈多；反之，多數沒走紅的 YouTuber，Google 除了提供雲端空間給他們上傳影片，完全不用支付薪水給他們。另外，簽約 Apple Pay 的銀行更像是吃了毒藥，假設沒有達到和蘋果公司簽約的用戶門檻，還得繳出鉅額罰金；如果成功達到門檻，之後這些用戶用 iPhone 刷卡還得被蘋果抽手續費，貢獻給蘋果持續性的收入。因此，Google 和蘋果這兩大公司的營運模式都是正面大贏且反面損失極低的最佳範例。

高報酬不等於高風險，請拋開既定成俗的概念，把握別人誤以為是風險的高不確定性機會來人棄我取績優股，利用非效率市場特性協助我們以合理甚至便宜價格進場，進一步評估「安全邊際」與「成長性」都具備，接著就勇敢下注，享受正面你大贏、反面僅小輸的大勢。

26 長期投資，請先體會「持股感」

愛情要找到個性契合的對象，
存股也得找股性適合自己的公司。

本書從生活投資系統的建立、正確投資心態的養成、如何分析生活產業、買賣策略規畫一直到存股檢視清單，給予了連貫的邏輯與實戰經驗分享。但最後的最後，關鍵還是在於你得實際踏出第一步。

做投資，先了解自己的個性

我對存股有一個不同的建議，那就是「Just do it!」。投資是一種邏輯，邏輯正確才能做到正確投資。日常生活中，我們小從上補習班要先「試聽」、上賣場要「試吃」，大到尋找結婚對象要先試著「交往」甚至「同居」；詭異的是，一到股票市場就完全沒有這樣的思維，大多一味從眾存熱門股，或者看到某作者存了某檔股票上百張就跟進，而不是小量買進試著體會「持股感」。

檢視自己能存股超過數年的多家公司，能做到長期投資最大的原因不單單是「股利多寡」與「績優基本面」，最關鍵的因素其實是非財務性指標的「股性」。每一檔股票都擁有不同個性的股東，你一定有印象有些公司股價超級「牛皮」（穩定），相對地有些類股相當「活潑」（股價波動大），這就是由其投資者的個性反映至股性。究竟是主動投資好還是被動投資好，取決於你的個性適合哪一種。**存股同樣要尋找股性與自身個性接近的公司，才能真的達成長期投資。**

我的許多存股都屬於「非效率市場」股票，除了股價波動不大之外，也鮮少有新聞報導，對我來說是非常有安全感的氛圍。過於頻繁的新聞會使我思考是否為有心人士想炒作，進而影響我的持股情緒。

有趣的是，我與許多粉絲聊天後才發現，不少人並不喜歡這樣的股票，他們認為假如個股相關新聞除了營收外，幾個月才有一篇營運狀況報導，會使他們不容易追蹤公司近況，而股價不動如山也讓他們深怕是「風雨前的寧靜」。其實這非誰對誰錯，不同的人適合不同股性的存股標的。這些和我感受相反的朋友就比較適合持有像電信三雄（中華電、台灣大及遠傳）這類熱門定存股，因為媒體與專欄文章時常協助剖析營運，會讓他們有安全感。

有了持股感，才有辦法長期投資

關於股性影響持股，我印象深刻的是一位暱稱「傳產王」的高雄粉絲，他對個股分析相當認真，上從基本面、下至技術與籌碼面都有所涉獵。有次我分享了一檔本益比不到九倍、殖利率超過七％且持續成長的汽車股，他研究相關資料後，非常認同這家公司的營運狀況，便決定長期投資。但這家公司極度牛皮，例如單季EPS年增近三成，股價也只會小小反應，股性對喜事淡如止水。最終他進進出出共三次，只有小獲利便放棄持股，因為股性實在太淡定了，不適合他。相反地，對於一些股價變化大的定存成長股，他都能夠長期駕駁持股並雙主修股利與價差。

我個人則非常喜歡股價淡定的個股，非效率市場的特性能讓我在公司營運轉強時以合理價加碼，待「催化劑」醱酵後帶動股價上漲，便能「股利」與「價差」兩頭賺，未來我持股成本也會變成「便宜價」。

因此，如果想要長期投資某檔股票，假設有購買十張的資金，不妨先買個兩、三張試著交往一下，體會看看股性是否適合自己。這就和談戀愛一樣，你單純觀察與實際買進的心理感受天差地遠，要真正持有後才能得出是否適合長期投資的答案。

除了「股性外」，「持股量」同樣是影響長期投資的關鍵。對多數人而言，單一股票持股量太多很容易造成對利空新聞過度反應，導致長期投資決心動搖。比較好的方式就是選擇五檔（視個人能力圈調整）不同產業但股性適合自己的公司集中存股，平均分配持股量來降低情緒波動的影響。

總結來說，**當我們能確實做好生活產業分析、選擇股性適合自己的定存成長股，並控制持股數不讓自己感到壓力，如此舒適的「持股感」才是達標長期**

投資的不二法門。

最後別忘了，「生活投資學」絕對是散戶的致勝之道，方向對了，努力才有效果！

後記

成為AI無法取代的生活投資家

未來是一個人工智慧取代人力的世界，在Google的AlphaGo大敗世界各大頂尖圍棋天王後，世人才驚覺連「人才」都可能無一倖免。在投資世界尤其如此。AI機器人能夠嚴守紀律且不受情緒影響，更重要的是，它們不像聘請操盤手那樣需要付出高昂的薪水。全世界最大的投資管理公司貝萊德（BlackRock）在二〇一七年已將AI導入基金管理，初步撤裁四十名員工，初估可年省七億五千萬元新台幣，並且提供客戶更低風險的基金。AI金融工具已從趨勢變成進行式，而過往散戶投資人遇到法人已經慘賠，未來面對AI更顯得毫無勝算，主動投資者到底該怎麼應對？

幸運的是，「生活投資學」屬於AI無法取代的選股策略，我們不像其他只靠財報選股的投資者會遭受ＡＩ強烈的挑戰；人再怎麼選都沒有ＡＩ強，看到財報好轉時要下單，也會被程式交易捷足先登。所幸財報僅是企業營運的「後照鏡」，非財務指標才是掌握未來的「探照燈」，所以書中始終強調要從生活相關產業分析選股，再結合財報制定投資決策。沒有人是看著後照鏡開車的，投資更要透過生活經驗輔助我們邁向財富自由之路。

ＡＩ沒有買過便當，它們不知道哪些菜色正在漲價，因此不懂得選擇「抗通膨」的類股；ＡＩ不懂得哪些長期營收良好的公司其實缺乏「回客率」，容易有營運反轉的風險，它們頂多只能靠自動交易盡量停損；最後，它根本沒在逛街，無法感受到消費時荷包縮水的困惱，所以不知道哪些是具備「定價權」的績優公司。

對專業操盤手最壞的ＡＩ時代反而是「生活投資家」最好的時代，我們不僅不會被ＡＩ取代，未來還能以「生活消費經驗」結合「ＡＩ財報診斷」來提高投資勝算。生活投資最精髓的「非財務指標選股」將使你無法被取代。

祝投資順利。

附錄1

存股不存骨的十大「非財務生活選股指標」

到了書的尾聲，相信讀者們已經建立了生活投資學的選股系統，以及贏家該具備的投資思維，也對買賣策略有進一步的體會。為了協助大家更具體地檢視存股選擇，此處列出十個非財務關鍵指標。

想必現在的你已了解投資勝利的關鍵在於「第二層思考」，所以財務面這種容易量化且程式可以篩選的指標，此處就不贅述，我要給你們的是更高格局的思考。如果一家公司具備了以下十點「非財務指標」，那麼它的財報要難看還真不容易。

記住，產業護城河比公司護城河更重要，財報只是公司過去的表現，而長期存股最重要的是非財務面向的表現。以下這些指標連小孩子都能理解，但股海老手不見得能掌握。

一、「民生必需」不受景氣循環影響

存股最重要的是「細水長流」，公司的營運不求像科技新貴一樣成長力高昂，只求像公務員一樣穩定，不受景氣循環而影響薪水。景氣差的時候，沒錢可以不換 iPhone 或不看電影，但不可能不吃飯、不洗澡、不打掃，因此「民生必需股」就是首選。

不過要特別注意的是，生活類股中也有部分產業受到大環境影響，例如輪胎業的「正新」（2015）會受石化原物料循環而嚴重侵蝕獲利；售價走高單價路線的星巴克（SUBX）在金融海嘯時，也因為消費緊縮導致營收衰退。所以，選擇商品平價且受原物料影響低的生活股尤佳。

二、能靠通膨賺錢的產業

由於民生必需品是基礎需求，生活類股多有成本上漲喊漲、但成本下跌裝傻的特性。存這種公司股票可以享受通膨帶來的漲價理由，一來能紓解公司成本壓力，二來幸運的話還能在成本下降時賺到利差。無法解決成本壓力的公司，長期投資的風險就會很大。

典型大發通膨財的類股有食品、零售通路及原物料股。相反地，深受其害的類股多為科技股，商場的電視和手機不僅愈來愈便宜，功能還愈來愈好。持續投入研發費用卻得不到更好的利潤，所以台股中的面板股與智慧型手機類股容易讓投資人套牢，在消費經驗中即有徵兆。

三、產業交集的企業

存「產業交集」的股票，就不必靠盲目地「分散投資」來降低存到地雷股的風險。選擇網購業者投資，不如選網購交集的貨運業。想要投資行動支付商機的公司，不如選擇信用卡發行龍頭「VISA」，享受任何行動支付業者綁定信用卡後貢獻的手續費；你會發現，街口支付和 LINE Pay 支付是打補貼流血戰，與其選邊站行動支付陣營，投資 VISA 等於是坐享其成這些業者努力推廣的成果。

交集型公司只要處於成長的產業，不僅可以享受成長，而且營運風險相對較低，具有「低風險、高報酬」的特性。以台灣半導體業處於成長態勢來看，即使看好單一公司還是會有看走眼的風險，但提供這類公司所需工業氣體的聯華氣體即具備正面大贏、反面小輸的優勢。

四、回客率高的公司

如果存股公司的產品服務具備「持續性」收入特質，維持穩定盈餘與股利的機率就非常大。產品有沒有需要更換「耗材」或「保養」，服務是不是簽約制、能保證一定時間內的收入穩定，以上都是非常直接能判斷公司是否具「回客率」的方式，確保不會在你剛開始存股，下個月或下一季營收就暴跌，還沒達到終點就跌在起跑點。

五、基金型態的公司

人們喜愛購買基金的好處是藉此投資一籃子標的來分散風險，缺點是無論盈虧都要付給經理人管理費。與其如此，何不如存「基金型態」特質的公司，不僅經營的事業多元，同樣也能達到分散風險的功能，還免付管理費。

「統一」（1216）是我認為生活股中基金型態企業的最佳範例，旗下轉投資橫跨 7-ELEVEN（超商）、博客來（文創）、家樂福（賣場）、康市美（藥妝）、黑貓宅急便（物流）、神隆（藥品）、統一證券（金融）……等等。這家公司不僅上下游垂直整合，還做到不同行業的水平整合。這類基金型公司最大的吸引力莫過於低瞬間倒閉風險，由於集團內營收多元，要在一夕間垮台的機率非常低。存股如果能選擇基金型態的公司，就不太會存股變存骨。

六、客戶不容易跳槽

存股的公司其商品或服務要具備「高轉換成本」。當客戶不容易跳槽，公司的盈餘自然穩定。傳統熱門定存股如電信，即是客戶跳槽屢見不鮮的代表，業者惡性競爭下只能以低價月租費搶回客人，因此電信業的ＥＰＳ持續衰退其實不令人意外。

建議存有「口味習慣」或「主要硬體」的公司，前者如「味王」（1203）的王子麵是火鍋和滷味店必備商品，老闆為了怕客人吃不習慣，還不敢省錢改用低成本的不知名泡麵呢；後者如「花仙子」（1730）的好神拖，只要拖把柄和專用水桶沒壞，寧願買新拖把頭替換，也不會多花錢去買對手整組盜版好神拖來試用。

七、政策受益者

法規對公司的影響比消費者還大，如果政策對公司有利，那麼消費者連選擇權都沒有。典型的特許產業天然氣公司，每一個縣市都是由單一公司提供，投資這種公司要看到營運虧損比登天還難，除非儲氣槽或管線爆炸，否則還真想不到會立刻造成這些公司虧損的原因。

近年來，台灣規定十五年以上的老舊電梯需要定期檢查及保養，聰明的投資人就該聯想到電梯雙雄「崇友」（4506）和「永大」（1507）將受惠，因此投資大方向跟著政策準沒錯。

八、老闆換人不會馬上影響營運的公司

「要投資連笨蛋都能經營的公司。」彼得·林區如此說，因為企業總有一天會遇到笨蛋來經營。儘管這段話是為了強調不要投資需要強人才能經營的公司風險才這麼誇張，實際上不無道理。看看「台積電」（2330）需要張忠謀回鍋董事長領導公司走向，還有郭台銘年近七十還得繼續引領「鴻海」（2317）集團進行海外併購夏普與投資美國等，都可以發現有些公司萬一換了經營者，營運可能會立即反轉。

我建議投資那些換你當老闆也不會立即影響營運的公司。好消息是，生活股都有這種特質，以巴菲特持股的公司來說，不管是可口可樂還是卡夫亨氏等食品公司讓你經營，我認為短期內都不會影響營運，因為產品簡單且營運模式容易運行。如果「統一超」（2912）和「台積電」（2330）讓散戶投資人選一間

當ＣＥＯ，我想多數人會選前者，至少你了解超商的營運模式，但對台積電的先進製程一無所知。所以，選擇你也有自信親身經營短時間內不會倒閉的公司，存股會更安全。

九、董監持股穩定且誠信經營

如果老闆自己都沒持有可觀的股份，身為股東就沒和經營者站在同一條船上，理所當然小股東的權益容易被犧牲。因此如果長期存股，建議要選擇董監持股至少二〇％以上的公司，能多高就多高。擁有這種公司，老闆比你還怕公司倒掉，存股者晚上才能安心睡覺。

此外，經營階層的誠信同樣要關注。拜Google大神之賜，資訊唾手可得。存股前記得上網搜尋公司過去經營者的發言，對照後來的真實性，避開喜歡吹牛和開空頭支票的經營階層，才是持盈保泰之關鍵。

十、科技的受惠者，而非創新者

不只我不愛科技股，巴菲特同樣如此，由於科技股正紅時會帶動股價快速上漲，因此多數投資人趨之若鶩。對長期投資者而言，公司穩定的存在大於短期大紅大紫，所以容易被新技術取代的科技股就是該避免存股的方向，不管殖利率多高都請少碰為妙。傳統相機霸主柯達在十年間被索尼（SONY）數位相機取代，沒隔幾年，最多人使用的NOKIA手機，近年來不僅被蘋果的iPhone取而知之，還取代了電視、筆電、隨身聽、手錶和遊戲機。科技霸主在短短二十年內頻繁換人做做看，比內鬥一流的古代中國改朝換代更快，散戶投資人真的該敬而遠之。

好消息是，投資科技受惠者不僅不會被科技取代，還能幫公司擴大營運與且降低成本。像保全在古代是以人力為主，現在則靠雲端監控快速擴大客戶使用量，還不用幫監視器支出勞健保。數位銀行的興起讓金控未來可以降低實體銀行的龐大開銷，用戶開戶直接用手機五分鐘內就開戶完畢，不僅節省人力且用戶又方便，例如目前台灣最大數位銀行「台新」（2887）的Richart。傳統畜產業的「卜蜂」（1215）同樣藉助ＡＩ與自動化設備科技，大幅減少飼料廠和電宰廠的人力需求，大大提升商品生產效率與衛生品質。此外，假使未來自動駕駛技術成熟，人力占成本超過五成的貨運業者就會盈餘大增。

投資科技受惠者不僅不怕被新科技取代，未來看到新技術只會讓你更開心而不是擔心公司受影響。

附錄2
生活投資學財務名詞

本益比：這是一種用來評價股價昂貴與否的指標，計算公式＝股價÷每股盈餘。根據公式可以了解，只有股價下跌或每股盈餘高的時候才能降低本益比，因此本益比愈低的公司，理論上愈有投資價值。我自己會將十五倍本益比以下的價位視為合理，但必須注意的是要在公司每股盈餘不衰退的前提下，才不會誤以為買到了低本益比、實際上是未來價值下滑的公司。如果在公司每股盈餘持平或成長的前提下，以愈低本益比買進後，便有機會提高日後報酬。

存貨週轉天數：公司消化產品存貨所需的時間，天數愈短，代表公司管理存貨的能力愈好，抑或市場上對其商品的需求增加。投資人應留意存貨週轉天數過長的公司，減少投資上的風險。

每股盈餘（Earning per Share, EPS）：股市中評鑑獲利能力的公平起跑點，計算公式＝公司稅後之淨利÷發行之股票數。假設一家流通兩億股且每年能賺四億元的A公司，相較於一家發行十億股而每年賺十億元的B公司，誰比較會賺錢？以金額來看，一般人會猜B公司。但買股票就是希望自己的股權能取得愈高的利潤愈好，所以實際上A公司的股票比較有價值，因為股東平均每股可分得兩元。相反地，B公司股東每股只能分得一元。

每股淨值：這是評估股票價值的指標，顧名思義，「淨值」就是公司清算債務並變賣資產後平均每股的剩餘價值，計算公式＝股東權益÷流通股數。一般來說，股價比淨值低的公司通常處於衰退或虧損狀態，因為投資是著眼於未來。相對地，假設公司處於成長狀態，股價卻低於淨值，就可能是價值投資的好機會。

殖利率：衡量存股報酬的重要指標，計算公式＝股利÷股價×100%。例如一家公司的股利為五元，股價為一百元，就是擁有五%的殖利率。假設此公司股利每年都穩定配發五元的前提下，投資人存股這家公司二十年後便能讓持股成本歸零。要注意的是，如果公司的每股盈餘衰退，殖利率再高也得三思而後行。

稅前淨利率：此項指標可用來評估公司業外盈虧狀況，計算公式＝（營業利益＋業外損益）÷營收×100。稅前淨利率是業外損益與營業利益的總和，因此當稅前淨利率大於或等於營業利益率時，代表公司業外是無虧損的。建議投資人選擇時要避開稅前淨利率小於營業利益率的公司，因為其業外為虧損。

應收帳款收現天數：企業販售商品或服務後，向客戶收取款項所需的時間。天數愈短，代表公司收款能力提升，比較不會產生呆帳風險。相反地，當公司的應收帳款收件天數縮短時，就要留意營運狀況。

營業毛利率：此為衡量公司獲利能力的指標，計算公式＝（營業收入－營業成本）÷營業收入×100%。在同樣的營收下，愈高毛利率的公司能獲得愈多利潤，因此選擇同產業公司時，應優先評估毛利率較高的公司。公司的議價能力、智慧財產權、市場獨占性或產品競爭力等都是影響毛利率的原因，所以毛利率與公司競爭力成正比。

營業利益率：此項指標用來衡量公司的管銷能力，計算公式＝（營業收入－銷貨成本－營業費用）÷營業收入×100%。簡單來說，影響毛利率的因素通常是原料的直接成本，而營業利益率就是考量管銷（水電、店租、人事和廣告等）間接成本後的獲利能力。毛利率高不代表營業利益率高，後者是更能代表公司產生盈餘的能力。

國家圖書館出版品預行編目（CIP）資料

生活投資學：領股息、賺價差，最適合散戶的投資系統 / 許凱廸著. -- 初版. -- 臺北市：遠流, 2018.09
面； 公分
ISBN 978-957-32-8345-4（平裝）

1.股票投資 2.投資技術 3.投資分析

563.53 107013139

實戰智慧館 458

生活投資學

領股息、賺價差，最適合散戶的投資系統

作　　者——許凱廸

副 主 編——陳懿文
封面設計——萬勝安
行銷企劃——盧珮如
出版一部總編輯暨總監——王明雪

發 行 人——王榮文
出版發行——遠流出版事業股份有限公司
104005 台北市中山北路一段 11 號 13 樓
郵撥：0189456-1
電話：（02）2571-0297　傳真：（02）2571-0197
著作權顧問——蕭雄淋律師

2018 年 9 月 1 日初版一刷
2021 年 7 月 5 日初版十刷
定價——新台幣 350 元（缺頁或破損的書，請寄回更換）

ISBN 978-957-32-8345-4

ylib 遠流博識網
http://www.ylib.com　E-mail: ylib@ylib.com